悲しいサヨクにご用心！

「あさま山荘」は終わっていない

まえがき

最初に小話を。

ある通訳がいた。

彼は、中国人観光客の東京案内を先導する役回りだった。もう、二十年くらい前になるだろうか。そのときは、皇居の周りの御堀端を案内していたとか。観光客の中国人、驚いて聞いてきたとか。

「なぜ見張りもいないのに、日本人は誰もゴミを捨てていないのだ」と。

通訳氏、ニヤニヤしながら、

「あそこに、お掃除をしている人たちがいるでしょう」

と、皇居勤労奉仕団らしき人たちを指さし、

「あの人たち、実は秘密警察なんですよ。だから、誰もゴミなんか捨てないんです

よ」

と冗談のつもりで答えると、この中国人観光客は本気にして信じてしまったとか。

最近、中国とか韓国の悪口を言うことが「保守」や「愛国」だという風潮があるのですが、そう信じ込んでいる人はせめてこれくらい〝スマート〟に振る舞ってほしいものです。もちろん、人を騙《だま》すのはいけませんが、ユーモアは必要です。そして、ユーモアを生むのは、知識です。

本書は、「秘密警察」と言われてもピンとこない、普通の人に読んでもらいたいと思っています。

一応説明しておくと、普通の警察が犯罪の捜査と犯人の逮捕を任務とするのに対し、秘密警察は政府に敵対する勢力を監視するのが仕事です。そうした活動において、一般市民の生活も監視して、政府に逆らわないように支配するのです。

中国は今でも共産党の一党独裁ですから、市民が共産党の政府に反抗的にならないか、秘密警察を通じて監視しているのです。

日本は幸い、ノンキな国です。良くも悪くもノンキです。時にタバコのポイ捨てをする人くらいはいるでしょうが、道端にゴミを捨てる人なんていません。毎週二回の収集日の朝、出勤前のお父さんが収集所までゴミ袋を持っていくなんていうのは、ごくごく日常的な光景です（ついでに言うと、世のお母さんたちが「ゴミを捨てるくらいで家事を手伝っている気になるな」とブーブー文句を言っているのも、ありふれた光景です）。ノンキで、律儀な民族です。

警察が監視していなくても、公共の施設に生ゴミを捨てるなんてしない。日本人だと当たり前に思うかもしれません。でも、日本人の当たり前は、外国から見るとスゴイのです。

最近は、「共産党」と言っても、何をしたい人たちかわからないかもしれません。共産党は、共産主義を実現したい政党だから、共産党です。じゃあ、共産主義って何なのかというと、「世界中の政府を暴力で転覆して、世界中のお金持ちを皆殺しにすれば、全人類が幸せになれる」という危ない思想です。

共産主義は十九世紀半ば、カール・マルクスという人が言いだしました。そして今からちょうど百年前の一九一七年、ウラジミール・レーニンという人がロシアでマルクスの思想通りの事を実行し、ソ連という国を建てます。

そして、一時は地球の半分が共産主義の国になってしまいました。

現在、ソ連は滅びてしまいました。しかし、ロシア大統領のウラジミール・プーチンは今でもソ連の栄光を取り戻そうとしています。また、中国や北朝鮮は今でも共産主義を掲げています。

お気づきになりましたでしょうか。日本の隣国である、中国、北朝鮮、ロシアは核兵器を持っている国です。そして、決して日本に友好的な国ではありません。

この文章を書いている今も、北朝鮮は「日本上空を飛び越えて、アメリカに向けてミサイルを飛ばしてやる」と声明を出しています。

中国とは事あるごとに揉《も》めています。尖閣《せんかく》諸島に毎日押し寄せて、「そこの島は俺たちのモノだ」と脅かしてきているのは、ご存じでしょう。

ロシアだって第二次大戦の末期（日本が降伏する七日前の一九四五年八月八日！）に、突然攻め込んできて、今も北方領土を返しません。

俗に、共産主義者のことを「左翼」と言います。「右翼」が体制側なのに対し、それを転覆しようとする共産主義者は「左翼」と言われます。

一九四五年に第二次世界大戦が終わり、一九九一年にソ連が亡びるまで、世界の中心はソ連でした。「共産主義を世界中に広めるぞ！」というソ連に対し、アメリカなど他の国が「そんなことされてたまるか！」と争っていました。わが日本国はアメリカの側です。しかし、日本国内にはソ連に共感する人もいましたし、今でも中国や北朝鮮に同調する人は多くいます。日本では「左翼」の勢力は、まだまだ強いのです。

サミット参加国はわが国の他に、米英仏独伊加の合計七カ国です。サミット参加国とは、いわゆる先進国のことですが、その中で日本とフランスは変わった国として世界で扱われています。共産党が国会に議席を持っているのは、この二カ国だけだからです。

ただし、フランスの場合は意味が違います。

アドルフ・ヒトラーというドイツの独裁者の名前は聞いたことがあると思います。ナチスという政党を率い、ユダヤ人を皆殺しにしようとするなど、狂気の政策を実行しました。一九四〇年、そのヒトラー率いるナチスが攻めてきて、フランスはドイツに占領されています。フランス人は支配されてしまいました。このとき、シャルル・ドゴール将軍はロンドンに逃れて亡命政府を樹立、一九四四年には逆襲をかけてドイツ人を追い払いました。英雄ドゴールは戦後、フランス立て直しのために内閣を組織します。その内閣に共産党も大臣を送り込みました。選挙をやったら共産党が第一党になったので、協力を仰がねばならなかったのです。ではなぜ、フランスでは共産党がこんなに人気があるのか。彼らはナチスに占領されている間、武器を持って戦ったからです。

共産主義の本家であるソ連の命令と、祖国フランス、どちらを選ぶか。

フランス共産党は、迷うことなく、祖国フランスを選びます。

時の政府のやり方には反対だけれども、祖国は愛している。これが本当の意味での、左翼です。さすがに、「共産党だって愛国者」みたいな国はフランスだけで、他の普通の国は「自分の国を破壊するような政党を認めるわけにはいかない」という態度ですが、「祖国を愛しているからこそ時の政府に反対するのが左翼」という価値観は同じです。

さて、わが日本は?

共産党どころか、「日本を愛しています」と言おうものなら「右翼」呼ばわりされる。今の日本での「右翼」とは、「アブナイ人」の意味です。

確かに「保守」とか「愛国」とか言う人の中にはおかしな人もいます。でも「自分の国が好きです」というのが、そんなに変なことでしょうか。

私の好きな歴史上の人物の一人が、十九世紀大英帝国を率いたヘンリー・パーマストンです。パーマストンは言っています。

古《いにしえ》のローマ市民が「私はローマ市民である」と言えば侮辱を受けずにすんだように、イギリス臣民も、彼がたとえどの地にいようとも、イギリスの全世界を見渡す目と強い腕によって不正と災厄から護《まも》られていると確信できるべきである。

要するに、「たった一人の国民の権利を守るためならば、国の総力を挙げる」という意味です。パーマストンは有言実行、本当にたった一人のイギリス人が殺されただけで、大艦隊を地球の裏まで派遣したことがあります。

別に現代日本に同じことをしろとは言いませんが、もう少しマトモになったら？とは思います。

その最たる例が、北朝鮮による拉致《らち》問題です。横田めぐみさんのお名前はご存じでしょうが、めぐみさんは十三歳のときに北朝鮮に拉致され、今も日本に帰ってこられません。生きているのかどうかすらわからない。親御さんの気持ちになって考えてください。日本政府は、一体何をしているのか。

ここまでで、私が「国家」と「政府」を分けていることに気づいたでしょうか。混同して使っている人が多いようですが、違います。ザックリ解説すると、国家は「領土・国民・政府」の三つの要素で成り立っています。土地の上に人がいて、そのリーダーが政府です。国家は全体で、政府は部分にすぎません。

簡単に言うと、安倍晋三さんは政府の責任者であり国家の運命を預かっています。しかし、日本国と安倍内閣は違います。日本国を愛することと、安倍内閣を応援することは全く違います。本来、「日本国を愛する」という大前提で、右派が「安倍さんを応援しよう」、左派が「安倍さんを批判する」というのが健全な姿です。ところが、そうはなっていない。左翼の人たちが「I am not Abe」「安倍政治No」とか言うのは勝手ですが、その人たちが日本国を愛しているかというと、極めて怪しい。むしろ、日本を破壊しようとしているのではないかとすら思えてくる人たちばかりです。

本書では、まだまだ危険がいっぱいの日本の左翼の実態についても、かなり生々しく紹介しました。ただ、それは左翼の悪口を言いたいからではありません。

本書は「日本って、いい国だよね。何となく悪い国だって教わってきたけど、そんなはずないと思うけど」と感じている人たちに読んでもらいたいと思います。「日本を悪い国だ」と貶《おとし》めてきたのは左翼ですから、その人たちの実態をお伝えしたいと思います。ただ、左翼の悪口だけ言っていても、日本は決してよくなりません。

左翼はあちこちに入り込んできています。私たちの生活の、意外と身近に入り込んできています。社会で生きていくのは、危険がいっぱいです。日本国だって、危険に取り囲まれて生きています。

そうした危険から、自分や愛する人を守るには賢くなることです。

本書を読んだ人たちには、〝スマート〟になってほしいなと思います。〝スマート〟には、「カッコいい」とか、「頭がいい」とか、「洗練されている」とか、いろんな意味があります。

今の日本、いろいろ問題はあるけれども、いい国だな、とは思っています。でも、それがいつまで続くかわからない。だから、〝スマート〟な仲間が欲しい。最初に声をかけたのは、本書の共著者である杉田水脈《すぎたみお》さんと千葉麗子さんでした。また表紙デザインは、はすみとしこさんにお願いしました。

皆、「自分の国の悪口を言う左翼は許せない。もっと多くの日本人に、実態を知ってもらいたい」と考えている仲間です。と、同時に「左翼の悪口だけ言っても日本はよくならない」とも、全員が考えています。

では、どうすればいいか。その答えの一つが本書です。

いきなり難しくて分厚い本は読めない。でも本当のことが知りたい。そんな人たちが手軽に読める本。そんな本を作ってみました。

もし一人でも多くの仲間が増えれば、本書は成功だと思っています。

共著者を代表して

倉山　満

悲しいサヨクにご用心！

●「あさま山荘」は終わっていない――目次

第三章　「あさま山荘」は終わっていない

第一章
日本は左翼の言うように悪い国ですか?

この本で伝えたいこと

倉山　われわれ三人の念願の本ですね。よろしくお願いします。

杉田　光栄です。よろしくお願いします。

千葉　よろしくお願いします。ところで、くらら先生、念願の本ってところ、読者の皆さんに説明しないと（笑）。

杉田　それは、麗ちゃんから（笑）。

倉山　以下は、（笑）を略していきましょう。

杉田　賛成！（笑）

千葉　はい、これが最後の（笑）で。

倉山　楽しく、仲良く、そして真面目《まじめ》に♪

千葉　水脈センパイと私は、いわゆる「左翼」に対して批判的な態度を取ってきました。私は、実際に彼らと活動した経験から気づいたことがたくさんあって、それを伝えていけたらなぁって思っているんです。

杉田　その分、反動も大きかったですよね。

千葉　彼らの妨害活動でサイン会が中止に追い込まれたり、命に関わる脅迫をされたり。

杉田　私も、最近、オーストラリアでイベントを妨害されたり、図書館が本を入れてくれなかったり。

倉山　でも、効いてる、効いてる。お二人の活動、左翼にとって、痛いんでしょうね。

杉田　左翼って、本当、痛いときに〝痛い〟って言いますよね。わかりやすい。

倉山　お二人は、掛け値なしで本気の戦いをしていると思います。それにしても、千葉さんの造語、〝パヨク〟は秀逸なキャッチコピーでした。私も、〝友人の千葉麗子の造語であるが〟とアチコチで使わせていただいてます。

千葉　ありがとうございます。でも、いつの間にか、違う意味が加わってますよね。

倉山　頭がパーなサヨクだからパヨク、パヨクのパはパシリのパ、とか。

杉田　敗戦から七十年、あちら側の言論が日本社会では主流でしたから、多くのサイレントマジョリティー、言いたくてもモノを言えなかった人たち、しかも日本国内では、実は多数派の人たちの不満がくすぶっていて、一部で爆発し始めているんだと思います。

倉山　特にネットだと過激な人もいますね。今まで嘘ばっかりつかれてきたんだから、今度はこっちが倍返しで拡散しなきゃ、って感じで。言葉もきつくなりがちです。

杉田　そうですよね。だから、そういう「日本は本当に悪い国なの？　違うでしょ！」と思いながら、どうすればいいのか悩んでいるような人に手に取ってもらえるような本を作りたいなと。確か、麗ちゃんの『ママは愛国』（倉山満監修、ベストセラーズ、二〇一七年）の発売直後でしたよね。いつか、私たちで本を出したいって話をしたの。

倉山　監修の私が言うのも何ですが、『ママは愛国』は紛れもない名著です！

千葉　ありがとうございます！　で、その話をして半年で、この本ができるなんてすごい！

倉山　意外に早く、実現。ビジネス社さんに感謝、感謝。巡り合わせって、あります。ついでですが、本書は長く読んでいただきたいので、西暦表記にします。元号は、そろそろ変わりますし。

杉田　それにしても、アイドル時代、『恐竜戦隊ジュウレンジャー』のプテラレンジャー、プリンセス・メイ、可愛かった～。

千葉　ありがとうございます。それまで、政治とか社会のこととは無縁の生活をしていました。ところが、二〇一一年の東日本大震災で原発事故が起きて、否応なく故郷《ふるさと》を意識しました。「何かしなきゃ！」って気持ちになって、パヨクと行動を共にしたんですが、やがて、これは違うと気づいて、彼らと袂《たもと》を分かったんです。

倉山　「やってられるか！」とマイクを叩《たた》きつけたときの千葉さんの姿は、今も印象に残ってます。その一連の流れを書かれたのが、『さよならパヨク』（青林堂、二〇一六年）ですね。ベストセラーになりました。

杉田　内容も衝撃的でした。彼らの実態がよくわかります。

千葉　伝わっていたとしたら、作者冥利《みょうり》に尽きます。

倉山　『ママは愛国』でも強調しましたが、千葉さんは左から右へ、と転向したわけじゃない。芯《しん》は同じです。愛する人を守りたい。だから、何かしなきゃ！　なんですよね。

杉田　『さよならパヨク』と続編の『くたばれパヨク』、そして『ママは愛国』を通しで読むと、芯が同じというのはよくわかります。

倉山　『ママは愛国』では、〝母の愛〟を強調しましたが、杉田さんにも同じテーマをお願いしたことがあります。私との共著、『胸を張って子ども世代に引き継ぎたい日本人が誇るべき《日本の近現代史》』（ヒカルランド、二〇一五年）です。題名にも込めましたが、母が子に誇りを持って語るには、日本の近現代史に関して、どんな知識を持っていればいいのかというコンセプトでした。

杉田　日本って、左翼が言うような悪い国なの？　本当はどうなの？

千葉　そう。パヨクがおかしいのはわかった。本当にひどい。

杉田　そのひどさを伝えなきゃいけない。でも、それだけじゃ世の中は変わらない。

倉山　左翼はひどい。世の中に伝えなきゃいけないことがいっぱいある。でも、それだけじゃダメだ。もっとしっかり勉強して賢くなろう！　ってことですね。

千葉　さすが、くらら先生。まとめ上手！

倉山　それでは、開幕～！

私たちだから、伝えられることがある！

倉山　早速、ジャーナリストとして活躍中の杉田水脈さんと、パヨク・スレイヤーの千葉麗子さんから、私がお話を引き出していきますよ！

千葉　くらら先生、パヨク・スレイヤーって！（笑）

倉山　アメリカで中国に対して厳しい態度をとる人たちのことをドラゴン・スレイヤーというんです。ドラゴンというのは中国のことです。千葉さんはパヨクと戦っているのでパヨク・スレイヤー。

杉田　いいなぁ、それ！　ちょっとカッコイイ。私も使わせてもらおうかな（笑）。

千葉　水脈センパイ、使って！

杉田　では、遠慮なく（笑）。

倉山　そう、遠慮なく、お二人にしか語れないパヨクの話、世間に全然伝わっていない話をしていただきたいと思います。

千葉　そういえば、私、今年は大学受験生の母なんです。水脈センパイは大学受験生の母という意味でも先輩なんですよね。

杉田　そう。うちの娘は今度は就活です。

千葉　水脈センパイの背中を見て育ったお嬢さんだから、しっかりしてらっしゃるんでしょうね。

杉田　ありがとうございます。だけど、大学生になっても、心配が尽きないのは変わりませんね。私も四十代に入ってから衆議院議員選挙に立候補したときには親を泣かせましたから。でも、娘には「育ててくれた親を泣かせるようなことをしちゃダメよ」って言うんですけどね（笑）。

倉山　そんな泣かせ方をする娘は滅多にいないかと（笑）。

千葉　確かに、自分が大人になって、親になってから初めてわかることもありますよね。私も父が亡くなった年と同じ年齢に近づいているのですけど、今、父が生きていたら今の自分をどう言うだろう？　と考えることもありますし。

倉山　『ママは愛国』でも少しだけ触れられていましたね。DVで苦しんだ時期もあったそうですけれど、そこを乗り越えて出てくる言葉だけあって、千葉さんならではの深みが感じられました。

千葉　でも、私は幸せなんですよ。実の両親以上に、たくさんの人に育ててもらいましたから。

杉田　麗ちゃんのそういうところ、もちろんアイドルになるくらいだから美人なんだけど、見た目以上の人間性の魅力の源ですよね。

倉山　杉田さんだって、すごいじゃないですか。本当に戦ってますからね。世界的に。

杉田　国連とか行くと、どうしてもそうなってしまうんですよね。何でそうなのかは、おいおい説明するとして……。でも、私が理想にしているのは、もっと自分の仕事に自信と誇りを持って楽しんでいる感じなんですけどね。

千葉　ちょっと楽しいという感じからは、はずれちゃうのかな。相手が左翼とか、パヨク、反日ですものね。

杉田　そうなの。だから、本当はいつまでも左翼とか反日を相手にするのではなくて、日本をいい方向へ引っ張っていくような健康的な仕事ができるようになりたいんですけどね。ところで、麗ちゃんは『さよならパヨク』以前にも本をたくさん出しているでしょう？

千葉　自叙伝もあるし、芸能界を引退した後は、起業体験のこと、パソコンやゲーム、ホームページ制作の本も出しましたし、ヨーガの本、それから白湯《さゆ》や美容、うつ病に関する本ですね。だから、私は水脈センパイやくらら先生が本で書いたり、講演でお話しするようなことというのは、まだまだ勉強中の身。もっと教えていただきたいなと思っているのです。

倉山　何をおっしゃる、執筆家としても紹介されることがあるのに（笑）。それはさておき、『ママは愛国』を読んだ感想に、千葉さんが大人になって気づいて、勉強をしようという姿勢に共感したという声が多いんですよね。実際、『ママは愛国』は千葉さんの学びを追体験できるような本になっているからというのもありますが。教育勅語、修身、大日本帝国憲法、そして皇室。本当に、日本の伝統って悪いモノなの？　っていう問いかけから勉強していく本でした。杉田さんは、私との共著では『胸を張って～』のほか『みんなで学ぼう日本の軍閥』（青林堂、二〇一五年）のような教養本ですけど、それ以外はご自身の〝戦いの歴史〟のような感じですね。衆議院議員時代に出された、『なでしこ復活―女性政治家ができること』（青林堂、二〇一四年）、『「歴史戦」はオンナの闘い』（河添恵子との共著、PHP研究所、二〇一六年）と。

杉田　今年、私は『慰安婦像を世界中に建てる日本人たち』（産経新聞出版、二〇一七年）、『なぜ私は左翼と戦うのか』（青林堂、二〇一七年）を出させていただいていますが、どちらも話としては結構ハードなんですよね。麗ちゃんの『ママは愛国』も読ませていただいたけれど、こういうほんわかしつつもタメになる本、いいなぁと思いました。

千葉　今度の本のお話をいただいて、何をお話ししたらいいんだろうと考えたんですけど、福島原発の事故が起きて、何かしなくちゃいけないって突き動かされる気持ち、これ自体は全然、悪いことでも何でもないんですよね。反原発という答え自体がおかしいわけでもない。何がまずかったかというと、その反原発という一つの答えに賛同して活動するときに、私はそこでやっている人間たち、彼らのバックボーンを知らないで動き出してしまったんです。

杉田　パヨクを「さよなら」したのは、パヨクそのものが理由だったということね。

千葉　そう。今だから言えることだけど、そのときのことは、私にはすごく人生勉強になったし、水脈センパイやくらら先生とご一緒できることになるきっかけになったけれど、SEALDs《シールズ》とか、ああいう活動をした子たちは、まともな就職ができなくなってしまったりするわけでしょう？　やり直しがきいた私はレアケースなんじゃないかと。

倉山　だって、千葉さん、命まで狙《ねら》われたりしましたものね。

千葉　私は悪いことをしたとか、今間違ってないって確信があるから、私自身はどうなってもいいって思うけど、私のような思いをほかの人に味わわせたくないなぁ。それに、普通、そんなことになったら、懲りて二度と政治的な活動やネタに首を突っ込もうとは思わないだろうし、勉強そのものをやめてしまうと思うんですよね。

杉田　そうよね。私たちより上の世代の人たちは、「あさま山荘」事件のような怖い事件を知っている。阪神淡路大震災と同じ年にはオウム真理教の地下鉄サリン事件もあった。もう二十年以上経っているけど。それから比べるとＳＥＡＬＤｓなんて、決して怖い団体ではなかったけれど、そのバックにいるのはかつての過激派の生き残りですからね。

倉山　これから大学に入る、社会人の一歩を踏み出すお子さんを持つ親が、そういう左翼の過激派の存在を知らない世代にシフトしつつあります。

千葉　でも、そのフォローは全くされていないから、気づいた人が伝えていくしかないわけでしょう?

杉田　二〇一五年に公職選挙法が改正されて、十八歳で選挙権を持つようになりましたが、どういう考えで政治をとらえたらいいのか?　という基本がしっかりしないうちに、高校生にオルグ（勧誘活動）が行われてしまうと、中には陶酔してしまう子も出ますよね。

倉山　現世田谷区長の保坂展人《ほさかのぶと》さんなんか、中学生で全共闘を名乗って学生運動をやっていましたからね。今聞くと、中二病で片づけられそうな話ですが、「**麹町《こうじまち》中学校内申書事件**」といって最高裁判例になっている実話です。

千葉　びっくり！　知りませんでした。

倉山　司法試験や資格試験を受験する勉強をしている人には必出の超有名な判例なのですが、憲法の講義を受講したからといって、そんなに記憶に残っている人はいないかもしれませんよね。判例の解説に「保坂展人くん」なんて当事者の名前は出ませんから、個人的な興味で調べたマニアだけかな。知っているのは。

千葉　だとすると、中学や高校でそういう事件があったから気をつけてくださいなんて、わざわざ教えないですよね。

倉山　教えないでしょうね。ちなみに、その事件で保坂さんについた弁護士の一人が仙谷由人《せんごくよしと》という人です。千葉さん、覚えてます？

千葉　思い出した！　東日本大震災の時に民主党代表代行だった、パヨクの親玉！　その前は官房長官！

■麹町中学校内申書事件

（最高裁昭和63年7月15日第二小法廷判決）

現世田谷区長の保坂展人氏が中学校卒業時、担任教諭の作成した内申書によって、受験したすべての高校が不合格となり、学習権が侵害されたとして、東京都と千代田区に国家賠償法に基づく慰謝料請求を行った事件。

原告代理人の一人に、元衆議院議員で現民進党の仙石由人弁護士が参加していた。

保坂氏は、千代田区立麹町中学校在学中から学生運動に傾倒していた。そのため、高校受験に際し、担任教諭が内申書の「行動及び性格の記録」欄の「基本的な生活習慣」「公共心」「自省心」の三項目でC評価（最下位）をし、備考欄には「校内において、麹町中全共闘を名乗り、機関誌『砦』を発行した。学校文化祭の際、文化祭粉砕を叫んで他校生徒とともに校内に乱入しビラまきを行った。大学生ML（マルクスレーニン主義）派の集会に参加している。学校側の指導説得を聞かないでビラを配ったり、落書きをした」と記載した。さらに「出欠の記録」欄の「欠席の主な理由」として「風邪、発熱、集会またはデモに参加して疲労のため」という内容を記していた。後日、この事を知った保坂氏が、高校の不合格の原因がこの内申書の記載にあるとして訴えたものである。

第一審（東京地裁）は保坂氏の訴えを認めたが、第二審（東京高裁）は逆に訴えを退けた。最高裁判決においても、保坂氏の訴えは退けられている（上告棄却）。

この事件は、憲法一九条「思想及び良心の自由」の判例として法学部生や行政書士等の法務関係の資格試験の受験生は必ず学ぶ事件となっている。

保坂氏は第一審では「基本的な生活習慣」などの項目でC評定を受けたこと、実際には大学生ML派集会への参加の事実がなかったのに記載されたことを争った。しかし、第二審判決で言うように、内申書の評価や記載は思想信条そのものについて評価したものではない。思想信条がどうであれ、中学生として明らかに異常な行動について問題があるとの評価であるから、内心、ましてや思想信条そのものの評価ではない。

思想信条の自由があったとしても、学内で「文化祭粉砕」を叫んで他校の生徒を乱入させたり、学校側の説得を無視してビラまきを行うなどの行動は、学校としては正当化するものではない。保坂氏に学習権があるように、保坂氏以外の生徒にも学習権がある。中学在学中に保坂氏が行ったとされるような活動によって、文化祭の運営を台無しにされた他の生徒や、迷惑を被った生徒の学習権はどうなるのだろうか。

第一審判決には時代的な特質があったにしても、学校が生活態度などでC評定を付けた内申書を作成したことを違法とするには無理があるとする評価が多い。思想信条以前の問題として、新たな受け入れ側の学校が校内の秩序を乱す恐れがある生徒を不合格にするのは、至極当たり前の判断ではなかろうかと考えられている。

杉田　脅かすわけではないのだけれど、これからの時代、政治に無関心でいる、無知のままでいることが許されなくなっていく時代が来る。政治に無関心でも無関係ではいられないのです。私が四十代になって国会議員を目指したように、この本をきっかけに、何かやろうと前向きな生き方をする人が一人でも増えてくれたらいいですよね。

これからの日本を救うのは、女性と若者

千葉　水脈センパイは海外にも行っているけど、国内も全国、いろんな所に行ってますよね。

杉田　おかげさまで、いろんな所からお声をかけていただいてます。

千葉　やっぱり、女性って多いの？

杉田　最近、お子さんを連れたお母さんとか増えてきましたね。

千葉　ツイッターとか見ていると、夜中に書き込みしてるでしょ？　あれも大変だなぁと思って。

杉田　でも、それが不思議なことに、フェイスブックもそうなんだけど、私をすごく応援してくれている女性に医療とか福祉関係の人がすごく多いの。夜勤明けとかに見てくれるみたいで、すごくありがたいです。

千葉　看護師さんとか激務ですもん、そういう人たちが、国のことをどうしたらいいかと真剣に考えているなんて、頼もしいですね。

杉田　本当にね。実は、先日、ある左翼の女性活動家とご一緒する機会があったんです。

倉山　話になりましたか？

杉田　それが意外と話が弾んで。結局、彼女も決して国を憎んでいるわけではないの。わかってない部分、見えていない部分があるだけで、微妙に方向転換を始めていることがわかりました。彼女と話したのは、小池百合子さんのことと、若者の貧困問題の話でした。

倉山　共通する意見があったのですか？

杉田　小池さんの政策の内容が正しいかどうかは置いておいて、まず彼女はすごいという点で一致しましたね。

倉山　杉田さんも、そこは一致なんですね。

杉田　すごい、というところはね。でも意味合いは違います。政治の世界なんて、もろに男社会の典型じゃないですか。そこに切り込んでいって、これだけ話題になっていること。男性からも拍手喝采《かっさい》なわけじゃないですか。私はそこがすごいと思う。彼女は今度の東京都議会選挙の結果で、小池さんのおかげでクォータ制を超えるぐらい女性議員の数がいっぱいになったと評価していました。で、議論したのは、これから、小池さんが切り開いた後に、続く女性たちは大丈夫なのだろうかという点ね。

千葉　どういうこと？

杉田　自民党までも最近、立候補者の半分を女性にするとか言ってますよね。今後、クォータ制という形である程度、女性が入ってきやすくなると、男社会で叩き上げた小池さんみたいなすごい女性って出てくるようになるんだろうかと。

千葉　でも、逆に今度は男性側が奮起するんじゃない？　要は自分たちの枠が減るってことだから。強い女性も必要だけど、強くても変なことばっかりしかしない人じゃ困るし！（笑）

杉田　そこ！　だから、バランスなの。女性議員のことも、若者の貧困の話もそうなんだけど、それもあまりに国が補助の手を出し過ぎると、チャレンジ精神やハングリー精神に溢《あふ》れた人材は出てこなくなるんじゃないの？　って。

倉山　財源の問題もありますしね。左翼は大体そこが弱いんですよ。ちなみに、それで相手はどんな反応しましたか？

杉田　もっと話を聞きたいって。

千葉　何というのかな、女性の中には、そんなに左翼のことをわかってなくて、反原発で動いたときの私みたいな人って、きっといっぱいいるんじゃないかと思うのね。だとしたら、水脈センパイをきっかけに、どこの系統かとかじゃなくて、一つ一つの問題に対するバランスのいい答えを一緒に探そうって思っている人って、実は結構多いのかも。

倉山　若者なんて、それこそ最大のフロンティアですしね。

何が本当の「伝統」か？

倉山　杉田さんも表に出ている分、いろんな所から叩かれていますねえ。

杉田　私、漫画家の小林よしのりさんに「杉田水脈という極右の反動主義者」がいると宣伝されてしまっているんですよ。

倉山　今もＷＥＢにしっかり残っていますよね（https://yoshinori-kobayashi.com/6178/）。衆議院議員時代の国会での発言に対する批判ですね。

杉田　ええ。まだ代議士をやっているころ、国会の私の発言、「男女平等は絶対に実現しえない反道徳の妄想」、「この国に女性差別は存在しない」というのを取り上げて批判されています。男女平等というのは、女性たちが参政権や被選挙権を勝ち得てきたものであって、その恩恵でお前は国会議員になれたんだと。そのお前が男女平等を否定するとは何事だということなのですが。彼は、私のことを名誉男性って言うんですよね。

千葉　名誉男性？

杉田　男に媚《こ》びて、男の言い分をスピーカーする女性のことだそうです。

千葉　意味わからない！（笑）

杉田　彼に言わせると、名誉男性の例の筆頭が櫻井《さくらい》よしこさんや稲田朋美《いなだともみ》さん。だから男性が「櫻井さん素晴らしい！」「朋ちゃん頑張れ！」って言うんだと。私はその分野の一番下っ端ぐらいにいる。その見方は、ある意味正しい。だって、私は別に男社会を否定しているわけではないのよね。

千葉　認めるのと媚びるのとは違いますもんね。

杉田　さっきの小池さんの話じゃないけど、男社会で生きていっているという認識があるから、別に名誉男性大いに結構！　光栄でございます、なんですけどね（笑）。

倉山　だけど、さすがにこれは曲解でしょう。小林さん、『戦争論』（幻冬舎、一九九八年）でメガヒットを飛ばし、当時の若者に大きな影響を与えました。間違いなく、『戦争論』で「日本は悪くない」「ひどい国じゃない」って目覚めた人は多いし、本来は杉田さんやわれわれの仲間のはずなのだけど、あまり知らないのかなあ。それはそうと、「男らしい領域に、女ごときが侵入して来るな！　女は家庭を守ってろ！」、「さっさと外で働くのをやめて、専業主婦になれ！」という考え方は多いですよね。

杉田　私の支援者でも、女性は専業主婦であるべきだとおっしゃる男性は非常に多いです。それが保守の考え方だと思っておられるようなのですよね。でも、女性は結婚したら専業主婦として家庭を守ることに専念するというライフスタイルというのは、日本の伝統ではないのですけれどね。

千葉　えっ、違うの？

杉田　日本が男性は外で働き、女性は専業主婦という性別分業の家族の形がピークを迎えるのは一九七〇年代なんですよ。だから、ちょうど私や倉山先生、麗ちゃんのご両親の世代ですよね。私の母も専業主婦でした。

倉山　その時代は高度経済成長期で、お給料が右肩上がりでどんどん上がっていた時期ですね。でも、ほとんど全部、そういう家だったという印象はないんですよね。個人商店とか、農家も多かったから、半々という感じの印象ですが。

杉田　そうなんです。欧米に比べると、農家も含めてお家が自営業の家の割合が高いので、生活のための労働と、家庭内労働との境がない状態で働いている女性の率は高くて。結局、家の延長ではなくて、雇用という形で女性が労働しているかどうかということとリンクしていくようなところがあるのね。

千葉　外国はどうなの？

杉田　欧米では一九五〇年から六〇年ころがピークになっているの。労働形態が雇用というのと同時に性別分業化が進んで、小さい子供がいても働く女性の割合は三割ほど。

千葉　じゃあ、専業主婦であるべきだっていうのは、日本の伝統でも何でもないのね。

杉田　意外でしょう？

倉山　日本の伝統というなら、家父長制の方を言うべきなんですけどね。

杉田　実は、この間フランスで、フランスの家は「男系」だという話を聞いてきたところなんです。その話を教えてくれた人に、なぜ国連から日本の家族制度は男尊女卑だと非難されるんでしょう？　とお尋ねしたら、それは日本の反日左翼が発信努力をしているからでしょうと言われたのですが。

倉山　確かに、反日左翼が国連でプロパガンダをやっているというのもありますよ。でも、杉田さん、それをやめさせたら解決する話だと思いますか？

杉田　内政干渉ですよね？

倉山　それも答えの一つですよね。プロパガンダ以外の答えとして、杉田さんはフランスや日本の「男系」の家族制度は男尊女卑ではないというのをどう説明しますか？

杉田　どちらが尊いかという基準ではないというくらいしか思い浮かびませんね。

千葉　さっき、くらら先生が言った日本の伝統というなら家父長制って、お父さんが一番偉い人っていうことでいいですか？　家族のことを決めるのはお父さんという。

倉山　シンプルに言うと、そうです。そして、家は家長の男子が継ぐという家族制度です。

千葉　基本、男の子だけなんですか。

倉山　そう。法律の上では、女性には家に関する決定権は与えられていなかったんです。戦後に民法が改正されたので、今はそんなことはありませんけどね。

杉田　家父長制が広く国民に浸透したのは明治になってからだと思いますが、左翼は皇室の制度の押し付けだ！　と批判していますよね。

倉山　押し付けというよりも、男系で皇統を繋《つな》いできた皇室の制度を、臣下の家も同様にならっていたというのはあります。皇室から臣籍降下した家もありますし、公家や武家は、政治的な目的のために血統を重視する必要がありました。地位や職の世襲が行われていたからです。そういう人たち、ある種の階層にある人たちにとっては自然の流れです。ただ、それをやっていたのは全国民のうちの一握りの人たちに過ぎません。

杉田　みんながみんな、血統を必要としなかったからですね。でも、明治には血統を重要視しない人にも制度が浸透して、一般の人も「家」をとても意識するようになったのですね。

倉山 欧米の上流階級と呼ばれる人たちも、血統を重視しますよね。

杉田 本当だ。日本だけじゃありませんよね。

倉山 私が皇室が「男尊女卑だ」と言われたときに言っているのはどういうことかというと、女性は民間人でも皇族になれる。

千葉 美智子様とか、雅子様、紀子様とか?

倉山 そうそう。だけど、男性は皇族にはなれないんです。一人の例外もいません。

千葉 じゃあ、女性の皇族と民間人の男性が結婚して生まれた子供はどっちになるの?

倉山 皇族ではありません。それはやってはいけない。さて、これは男尊女卑なのでしょうか?

杉田 誰が一番偉いとか、決定権みたいなところばかりを見ると、男尊女卑と言われたら言葉に詰まるけれど、本質はそこだけではないのですね。

倉山 そうなんです。皇族の場合は血統が続くことが重視されています。誰でも天皇になっていいわけではない。そのために男系で相続をしているのです。公家、武家の場合には、権力や職を世襲したこともあって、やはり血統が重視されました。もちろん、家長は家の中の最高権力者ですが、同時に最高責任者ですよね。何か責任を取らなければならなくなったときに、真っ先に処断されるのは家長と、その後継者、つまり男性です。女性も一族として処分される場合もありますが、保護され、他の家で生き長らえるということも多かったですよね。それがその人にとって幸せかどうか、百％の保障はできませんが、男性優位である一方、女性は保護されていたわけですから、男系相続の日本の家族制度は必ずしも男尊女卑と言い切れないんです。

千葉　夫婦別姓の問題も、家柄を示す必要がないと感じる人にとっては、どうでもいいことになるってこと？

倉山　そうですね。家族制度というのは、国家を形成する「人」の基礎の単位だから、国柄が関わる大事な事柄です。男女平等だけで論じる話ではないんですね。

杉田　そういうことをちゃんと知ったら、簡単に騙されたりしなくなりますね。戦後、家父長制は廃止されて、女性も相続できるようになりましたし、結婚も当人同士の合意があればよいというふうに変わりましたが、実際には家と家との人間関係は避けられないし、結婚が当人同士だけでは済まないのは変わっていませんよね。

倉山　長男と長女で結婚する人で、どっちの籍に入るかで揉《も》める例もありますよね。それだって、考えてみたら、昔は男性が女性の家に忍んでいって、男性が女性の家に入る「妻問婚《つまどいこん》」というのもあったんです。男性の方が貧乏だったり、家柄が低い場合、女性の家の家柄が良かったり金持ちだったら、喜んで入っていったこともあったんですよ。

千葉　そういえば、教育勅語について否定的な見解を持っている人たちが「夫婦相和し」って言っているのに、明治天皇は一夫多妻で側室がいたじゃないかって書いてあるのを見たんです。こういうときはどう反論すればいいんですか?

倉山　父親の血、血統を残すことを重視すると、一夫多妻を認めざるを得なくなりますよね。明治時代、公的に一夫多妻が制度としてあったわけではありませんでしたが、正妻以外との女性の間に生まれた子を認知する制度はありました。家を残すためにはそうしないとならなかったという背景があるからです。それに、明治天皇「だけ」が一夫多妻だという批判自体が、的外れですよね。皇室に関しては、今も血統が重視されるのですが、側室を置くということは昭和天皇がやめられています。

この理屈で言うなら、国民も実態としてならわなきゃいけないんじゃないかなと思いますが、実際どうですか？　なかなか難しいですよね。

千葉　私に言わせれば、男女関係乱れまくりのパヨクの連中に、明治天皇のことをとやかく言える資格がそもそもないでしょって思いますけど（笑）。

倉山　それは身もふたもない（苦笑）。

男も女も、縛られなくていい

千葉　だけど、「さっさと外で働くのをやめて、専業主婦になれ！」という思考って、言葉の乱暴さ以上に、人生をどう生きていくかを一つの型枠にはめ込もうという点で乱暴だなと思いますね。私の場合、親のＤＶも原因の一つで早くに家を出て、芸能界で働き始めたから。もし、女だというだけで家庭にいろという理屈を言われたら、私のような生き方の選択肢はありません。

杉田　そうよね。特に結婚しても共働きをするのはそんなに大変ではない。けれど、出産後からとなると、働ける時間とか、制約が出てきて両立は本当には難しい。でも、それで働き方を調整するというのは、差別ではなくて、区別。政治家は生活リズムが滅茶苦茶になるような部分はあるけれど、農家とか何かを生産するような力仕事をするわけではないですし、弱者救済のような政策を考えるときには細やかな配慮も行き届く面もあって、不向きな職業ではありませんからね。

倉山　私も政治の決断能力に関していうと男女はあまり関係ないと思いますよ。ただ、個人的には男性と女性では敵対する相手に対してどこまで陰湿になり切れるかの性差はあるように感じていますが。誤解のないように言っておきますが、陰湿さで言えば、間違いなく男の方が陰湿です。政治の世界に限らず。

千葉　早くにご主人を亡くされて、お子さんを抱えて、別の男性とまた結婚するということを考えられる人もいれば、そうではない人もいらっしゃいますよね。『ママは愛国』で取り上げた、戦争で数カ月しか暮らせなかったご夫婦がいらっしゃるのですが、その後も独身で通されています。その方、小児科医なのですが、小林よしのりさんの言を借りるなら、お医者さんだって男らしい仕事と言われるものですよね。体力的にもすごくハードですし。

杉田　ちなみに、私は育児休業を取った一年間だけ専業主婦になったんだけど、麗ちゃんはどうだった？

千葉　私は産後の体の回復を待つ間の半年あるかどうかの間だけでしたね。社長業に育休はなかった！（笑）

倉山　昔の農家のお嫁さんとか、お家でお店をやっている自営業で働き手になっているお母さんというのは、体が動かないというだけで、職場から切り離して専念できるというわけではなかったでしょうしね。ちなみに、千葉さんは高校生のときから働いてきているわけでしょう。家のことだけやればいいよっていう専業主婦にあこがれたことはありますか。

千葉　そりゃありますよ。できたら専業主婦になれたらなぁという気持ちで生きてきたんだけど、無理だった（笑）。水脈センパイは？

杉田　実は、私、専業主婦に憧れたことはないんです。

倉山　じゃあ専業主婦だった一年間って精神的に苦痛だったでしょう？

杉田　ところが、そのときはそのときで、すごいストイックに専業主婦をやりました。自分ではこれ以上の見本はないだろう！　くらいに思っています。今みたいに家族を放ったらかして、東京へ行ってくる、フランスに一週間行ってくるね、っていうのとは別の感覚かな。

千葉　育休の間って、お給料は出ていたの？

杉田　今は何割か出る制度になっているけれど、当時は無給でした。しかも公課の支払い請求はくるから、貯金を切り崩してしのいでいました。いくら夫が稼いできてくれるといっても、何年もじっとはしていられなかったでしょうね。当時は一年しか取れませんでしたが、結局、一度は仕事を辞めても職場に復帰するお母さんたちの大半は、働くのが好きというのもあるかもしれないけれど、経済的な不安に突き動かされて働き始めているのではないかしら。

倉山　そういえば、杉田さん、専業主婦だったときはご主人を三つ指つかんばかりの勢いで迎えていたそうですね。

杉田　私の中にある専業主婦のイメージがそういう感じだったの。それこそ、夫に靴下を履かせてあげるくらい当たり前みたいな。現代は洗濯機も食器洗い機もあるし、調理器具や便利なものに囲まれているでしょう。そういうものがない時代に比べたら楽なんだからと思って、すごくストイックに家事労働というのをとらえていて。

千葉　根っからのキャリアウーマン思考ですよね。

杉田　手間暇をかけることとか、家事でも手を抜かずに勤勉でいることが美徳だという気持ちは強いかもしれませんね。紙おむつを使わないで布おむつを使うとか、離乳食も素材選びから気を抜かないとか。夫の仕事に響かないように、子供が夜泣きしたら別の部屋であやしたりとか。

倉山　この間、千葉さんと勉強しなおした「修身」に吉田松陰の母、杉瀧子《たきこ》さんの話があるのですが、その教えをまんまやったのが、専業主婦時代の杉田さんなのかもしれませんね。

杉田　本当？

千葉　あれはすごかった。こんな人いないよねってくらい、超スーパーお母さんなの！　ご主人の稼ぎの足りないのを補うのに畑仕事するし、薪割もするし、夫の親、子供の面倒は当然だけど、親戚《しんせき》まで抱えて。

倉山　明治の日本が理想とした「家」における女性の姿ですよね。

千葉　すごいなぁとは思うけど、自分がそういう生き方できるのかって言われたら、ちょっと難しいですよね。

杉田　そのころの女性は職と住が一緒でしたしね。

千葉　あと、思ったのは、女性は家にいろというのは、男性側のわがままもあるんじゃないかなぁって。よく聞く話なのだけど、奥さんが外で自分以外の男の人と接触するのをすごく嫌がって、それで働きに行くな！　って。くらら先生も、時々、奥様美人だから心配っておっしゃるでしょ？（笑）

倉山　どこでそんなデマを（笑）。私はそこまで極端ではありませんが、確かにそういう男性もいますね。だから、杉田さんのご主人って、すごい理解がある方だと思いますよ。

杉田　ええ。本当に、そこはすごくありがたいなと思っています。主人でなかったら、今の杉田水脈はありませんから。

倉山　堂々と言える、素敵な関係だと思います。

杉田　私も働いてはいますが、残念ながら夫と同じ稼ぎはできませんから。夫が働いてくれているから、私はお金を気にせずに、やりたい活動ができます。

千葉　お互いをリスペクトできているんですね。

杉田　主人は多少のことは目をつむって我慢してくれているんだろうと思うんです。そういうところへの感謝があるので、できるだけ時間をつくって家事やるようにしています。

倉山　それだと、世のキャリアウーマンでよくあるような、〝専業主夫〟を買って出てくれるような別の男性に乗り換えたいみたいな気持ちにはならないですよね。

杉田　そうですね。それはあり得ない。どちらかが家事、どちらかが仕事というライフスタイルを考えているというわけではないですよね。

千葉　私が出産後にヨーガを仕事にしようとしたときの気持ちって、自分のためにやりたいというのもあったけど、仕事＝ライフワークとして、今、始めなきゃというタイミングもあった。自分がやりたいことをやるという生き方の選択っていうのかな。

倉山　別にどっちと決めなくてもいいじゃないかってことですよね。ちなみに、私は専業主夫になってもいいと思っていた時期もあるんですよ。特に、研究者は専業主夫に向いている人、多いかもしれない。大学非常勤講師とか立派な研究はして尊敬できる仕事しているのに、収入が極端に少ない人、多いですし。

千葉　くらら先生、お料理とかできるんだ！

倉山　多少かなあ。今は忙しくて、全くしなくなりましたけど。ちなみに、掃除とかは絶望的に苦手ですね。

千葉　ダメじゃ～ん！（笑）

倉山　やっぱりダメ？（笑）

千葉　私の夫だった人は私より主婦だったんですよ。仕事は夜だから、昼間は家のことをちゃんとやってくれていて、すごく助かりました。でも、それなのに、そういう夫のことをリスペクトできなくなっていくことがありましたから。

倉山　むしろ家事ができる方がダメだったということですか？

千葉　できても難しいところがある（笑）。それだけが別れた原因ではないけど。

杉田　そういうところ、男性も女性もあまのじゃくですよね。ちょっと調べてみたのですが、実は男性が稼げなくても家事をやらないという傾向は日本だけに限らなくて、全世界的傾向なんですって。

千葉　そうなんだ。じゃあ、逆に女性が家事を手放さないというのもあるんでしょうね。アイデンティティーの問題として。〝カジハラ〟っていうのがあるのだけど、くらら先生、知ってます？

倉山　何ですか、それは？

千葉　家事ハラスメント。夫の家事に奥さんがダメ出しをすることを言うそうなんです。

倉山　何と！　天魔の所業ですね。

千葉　言いすぎ（苦笑）。家事に不慣れな男性が失敗したときに、奥さんがどういうフォローをするかで、クレームになるのか、それこそ家族経営っていう意味での学びになるのかだと思うんですけどね。

杉田　家事なんてって意識が男性側に強いと、たかが家事で文句を言われるなんてってなるから、すごいストレスでしょうね。

倉山　じゃあ、お前やれ！　で、終了ですからね。やっぱり男の専業主夫はダメかなぁ。

杉田　一概ではないと思いますよ。

千葉　専業主夫をやる人自体は、結構、増えてますよね。ブログとかでカミングアウトする人もいるくらいだし。元フジテレビのアナウンサーだった長谷川豊さんなんて「家事は男性がやる重労働だ」ってブログに書いていましたよ。掃除なんて筋トレそのものだって。

倉山　スポーツクラブにわざわざ行かなくても、みたいな？　そういう発想ができて、楽しめるというのも、一種の才能でしょうね。

千葉 男女関係なく、ね。

倉山 育児とか家事は、男性でも代わってあげることはできそうですが、妊娠と出産だけは無理です。

千葉 特に出産は無理ですよね。ちょっと脱線しちゃうけど、男性はあの痛みには耐えられないっていうもの。

杉田 聞いたことがある。男性は耐えられなくて死んじゃうレベル。

倉山 そうなんですか。

千葉 不思議だけど、本当にすごいのに過ぎたらけろっと忘れちゃうの。人間の体ってよくできているなぁと思います。だって、いつまでも覚えていたら、怖くて二人目とか無理ですもん。

倉山 ところで、千葉さんは、お子さんをいつから預け始めたのですか?

千葉 六カ月からですね。

杉田 麗ちゃんは自宅でベビーシッターさんとかに見てもらうとかは考えなかったの?

千葉　考えなかったですね。当時の夫はＤＪをやっていたから、昼間は家にいて、夜出かけることが多いでしょう？　夜は私が家に戻ればいいだけのことだし。それに、もう芸能人は引退していたから、子供には「普通」の感覚を、と思っていたのね。

杉田　日本ではベビーシッターを雇うっていうのは少数派。ものすごいお金持ちがやっていることというイメージよね。実際、決して安くないし。

千葉　私自身の家がそんなセレブというわけでもなかったし。だから、親を頼れないなら、保育園だよねというごくごく普通の発想だっただけで。

倉山　そういうところ、千葉さんはすごく堅実ですもんね。

杉田　去年（二〇一六年）、「保育園落ちた、日本死ね」なんてひどい言葉が流行語大賞にノミネートされるようなことにもなったけど、麗ちゃんは大丈夫だった？

千葉　第二希望までダメでしたね。何とか第三希望で、通える範囲ぎりぎりの場所にある保育園に入ることができました。簡単じゃないんだって焦りましたよ。

杉田　実は支援者の方からは、専業主婦の話だけではなくて、子供は三歳くらいまでは親の元で育てなきゃダメだという育児論もよく言われてたんですよ。

倉山　ちなみに、杉田さんはどうされたのですか？

杉田　私は最初から仕事を辞めることは考えていなかったし、仕事柄、育休制度も熟知していたし、先輩方からいろいろアドバイスがありました。その中で、四月に入れないと待機児童になってしまうよと聞いたの。だから、出産の時期を四月に合わせました。要するに育休って出産を軸にいつからいつまでだから。

千葉　すごい！

杉田　だけどね、四月に職場復帰、その前の二週間くらい慣らすのに預けるじゃないですか。慣らし保育を始めたころは、ものすごく寂しかったですよ。

千葉　やっぱり？　この話をするときに、すごく誤解されて嫌だなと思うのは、私のように一歳未満で子供を預けて社会復帰すると、育児の苦労がないとか、子供に未練がないんじゃないかって思う人がいるんです。でも、そんなことはないんですよね。置いていくのに後ろ髪を引かれる思い、本当に心が張り裂けそうになるよね。それで段々慣れてくるんですよね。

杉田　慣らし保育とはよく言ったものですよね。最初は一時間だけ、次の日は二時間とか、次の日は午前中だけとか、少しずつ時間を延ばしていって。それで親の方も少しずつ慣れていく感じだものね。

千葉　水脈センパイもそうだと思うけど、保育園六年のあとで小学校に上がると、保育園と幼稚園の子が一緒になるでしょう。ママ友たち見ていて思ったのは、幼稚園組と保育園組の温度差、あと子供の男女の別もちょっとあったけど。

杉田　あるある（笑）。幼稚園のママ友の話は結構悲惨な話が多い気がしますよ。派閥つくっちゃったりとか、ドラマにもなったじゃない。保育園のときのママ友だとあんまりそういう話にならないんだけどね。あれはちょっと不思議。

千葉　多分、お世話になったのが保育園か幼稚園かでも受け取り方が違うと思うんですけど、「保育園落ちた、日本死ね」っていうのは、保育園にお世話になった身としては、すごくネガティブで不快感でした。待機児童になっちゃって辛いのはわかるけど、それないでしょって。しかも、それを言っていたのが共産党の吉良よし子さんとかで。

倉山　なのに、なぜか民進党の山尾志桜里《やまおしおり》が笑顔で受賞するという（笑）。

杉田　もし、私がテレビのコメンテーターに呼ばれたなら、「保育園落ちた、日本死ね」が全国のニュースになることがオカシイ！　って力説してましたよ。待機児童が発生してるのは全体の自治体の六％に過ぎなくて、逆に定員割れしてどうしようかってなってる所もあるのね。都市部だけの問題なので、まず自治体の努力で何とかしなきゃいけない問題でしょう？　って。

千葉　多分、そういうの、ママ友さんたちがわかってないよね。ああいうふうにテレビとかで言われたら、全部、国が悪いって印象になっちゃう。

倉山　これも実はプロパガンダですよね。

杉田　保育園は福祉施設で厚生労働省の管轄だし、幼稚園は教育施設で文部科学省の管轄になる。そもそも考え方が全然違うものなんですよね。つまり、保育園の拡充をするというのは、福祉を厚くすることで、税金をつぎ込む話。設備にしても、保育士さんにしても、無限じゃないわけだから、弱い立場の人をまず優先することになるわけで、保育園に落ちたということは、その人よりも先に救済が必要な人がいるということでもあるんですけどね。

千葉　結局、これはいつものパヨクの「戦争反対、日本死ね」「原発反対、日本死ね」って、全部、同じかいっ！　って。

倉山　要するに、やっぱりパヨクのパはパーであると（笑）。

杉田　福祉の本質がわかってないんです。行政がお金のなる木を持ってるんだったら、できることはいっぱいある。でも、そういうことを現実化する原資は税金なわけだから、経済のパイというのを大きくしなくちゃいけない。税金が入ってこなかったら「日本死ね」なんてウソを広めても何も変わらない。

千葉　そういう説明だと、すごくわかりやすいですね。

杉田　左翼の人だって、すごく納得してくれましたよ。だから、知らないだけなんです。

倉山　ちなみにデフレ脱却議連というのをやっていたときに、社民党からたった一人、阿部知子さんが来てくださって。当時、安倍晋三さんがいて、右のアベさんから左のアベさんまでって（笑）。

千葉　面白い〜！（笑）

倉山　地方自治体のジェンダー予算を全部足すと十兆円になるわけですよ。男女平等もいいんだけど、わけがわからないイベントに予算を使う余裕があるんだったら、ちゃんと働いてるお母さんに回すべきですよね。

千葉　お友達とかの話を聞くと、やっぱりみんなが私たちみたいにスムーズとは限らない。仕事に加えて、送り迎えとか、病気になったら迎えに来てというのを繰り返して、仕事と家事の板挟みになって、働くのをやめてしまって、仕方なく専業主婦になるお母さんもいますしね。

杉田　子供がある程度、健康に毎日を過ごせるかどうか、それもありますよね。若いときと違って、有給休暇は子供の万一に備えてキープしてましたもの。

千葉　専業主婦になって育児に専念するお母さんの中にも、ずっと子供だけ相手にしていてノイローゼになってしまうこともある。結局、子供が小さいうちはどうしても女性にかかる負担が大きくなるから、そこで働きたくても、思うように働けないジレンマを考えると、結婚まではいいけれど、妊娠、出産の時期を考えてしまいますよね。

杉田　少子化問題にも関わってくる部分ですよね。初産の年齢もどんどん上がってきていますから。本当は年齢が上になるほど出産のリスクは高くなるので、若いうちの方がいいという話もあるけれど、若ければ若いで、摑《つか》んだばかりのキャリアをどうするか、そういう葛藤《かっとう》を抱えている。

千葉　私は大変だったけど、それこそやりたいことはあきらめないでやってこられたと思っていて、それができたのは、実は若かったからというのもあったと思うんですね。ここまでお話伺ってきて思ったのですが、私の親のころの専業主婦がピークになったころと比べると、今って、出産しても仕事を続けることって本当に普通の選択になってきているし、少しずつ環境整備もされてきてますよね。

杉田　倉山先生が専業主夫になってもいいとおっしゃるくらい、男性側の意識も変わってきていますからね。

倉山　私のやりたい仕事を代わってくれる人がいたら（笑）。

杉田　いろんな意味で、ダメですよ（笑）。

倉山　でも、男も女も、いろんな生き方があっていい。

千葉　育児だって正解は一つじゃないから。別れた夫も、息子とはすごく仲がいいの。戸籍は離れたけど、たまに会って話すと、それだけでもやっぱりいい影響を受けているなって感じるんですね。だから、育児は家事と違って、父親の出番はすごくいっぱいある。

杉田　どっちが専業って無理に考える必要はないのよね、本当は。

千葉　大昔の地域共同体まではいかないかもしれないけれど、家族の中で自然と、どちらともなく、一緒に育《はぐく》めればいいんですよね。まず、そこからなんじゃないかしら。

私たちの「決断」

倉山　大学全入時代くらいと言われるようになって、一人前の社会人となっていく節目を迎えるのが大学卒業の二十二歳。杉田さんが自分の生き方を変えていく決断をしたのは二十二歳以降ですよね。

杉田　そうですね。私はまず一般企業に入社して、それから公務員になるという道を選びました。家族経営しているような自営業じゃなくて、いわゆる民間企業だと、当時は結婚後も働いてる女性はいないし、出産後も働いてる女性なんてもっと存在しない。だから結婚するんだったら、資格でも取って派遣になろうかなって考えていました。さっきも少し話したけれど、結婚もしたかったし、出産もそうだし、仕事も続けたかったから。

倉山　今の派遣と違って、「派遣さん」とか、場合によっては「派遣様」って呼ばれていたころでしたよね。

杉田　そう。資格とか特殊技能とか持ってて、渡り歩くみたいな？　でも、私の親が公務員になってくれって思っていたこともあって、西宮市が大卒の職員募集を出しているのを見つけてきたんです。

千葉　広告か何か？

杉田　そうなの。時期としては、バブルの終わりころなんだけど、公務員の給料にバブルの恩恵はダイレクトには来ないから、採用試験やって採用したけど蹴《け》られちゃって、民間企業に人が取られちゃってた時代だったの。それで、十二月にもう一回採用募集をかけたということだったそうです。

倉山　今では信じられないですよね。信じられないといえば、女性の婚期をクリスマスケーキとかって例えられたり。二十五とか三十一までに結婚しなきゃいけないみたいな社会だったんですから。

杉田　ですよね。今の子たちが聞いたら、ビックリでしょうね。

倉山　それで、杉田さんは採用になったんですね。

杉田　二月だったと思いますが、今の会社を辞めることができますか？　って連絡が来て、退社を決めて西宮市に転職しました。だけど、私が大学を卒業した当時って、やっと一般企業でも女性の総合職というのを採用し始めたころで、会社での女性総合職第二号だったんです。第一号だった人も結婚して辞めていたし、せっかく女性登用をってときに、結局、女は雇っても辞めるのかっていう悪い先例をつくっちゃったのは申し訳なかったかなと。

倉山　当時はまだ寿《ことぶき》退社という言葉がありましたよね。

杉田　人によっては、大義名分になったりもしましたよね。それはそれで一つの選択だと思いますけれど。

倉山　昔、勝間和代さんがおっしゃっていたのですが、優秀な女性にいてほしかったら会社の方が環境を整備すればいい、だから私は外資系に行ったんだという話があるんですが。

杉田　例えば、デンマークは女性がたくさん働いているけど、それは全員公務員なんです。向こうは育児も介護も国が全部やってくれる。待機児童も、待機老人もいません。だから、保育士や介護士が山のようにいて、そのほとんどが女性。国家公務員も地方公務員も八割が女性。その代わり、一般企業は男社会で、企業で働いているのは男性。そういう棲《す》み分けができているんですよね。

倉山　それは知らなかった！　外資系って女性に優しいかもしれないけど、そもそも人間に冷たいですもん。使えるときは、いろいろ条件を優遇して引き止めるけど、使えなくなったらいきなり荷物まとめてドアの外に追い出されるみたいなところがあって。

杉田　会社が環境を整えてくれたから女性が会社で働きやすいかというと、またちょっと違うんじゃないかと思いますけどね。

千葉　私は自分で起業したから、会社に何かをしてもらうという発想ではなく生きてきているので、ちょっとずれてるかも。それだったら自分でやればいいだけでしょ？　みたいな。私は自分がそういう立場で、経営者でもあるわけだから、自分と一緒に働いてくれる立場の弱い女の子たちにも応《こた》えたいと思って、勤務をフレックスタイム制みたいにするとか、役割分担するとか、そういうこともしてました。私みたいなベンチャーは、特に会社の体力もまちまちなので、一概にこうすべきだとは言いにくいですよ。

倉山　確かに、千葉さんは杉田さんとは違う決断をされてきていますよね。まず、社会に出るという決断が十六歳でしょう？

千葉　ええ。社会に出るとか、お仕事をするという意識というより、当時はとにかく

「アイドルになる！」というのと、親元を離れて自立したいという気持ちでしたね。

倉山　その次が二十歳でアイドルを引退して起業。確か、全部ご自分でされたのですよね。

千葉　はい。辞めると決めたあと、自分で弁護士さんの所に相談に行って、どんな書類を作らなきゃいけないのか、どういう手続きがいるのか、どういう手順で話を切り出せばいいのか、全部調べました。

倉山　当たり前ですが、ただ「辞めます」では済まないですよね。

千葉　当時CM一本で一千万円単位のお仕事をいただいていました。私に対してそれだけの価値を認めてお金が動いている状態ですから、そこに関わっている人、全員の問題でもあるんですね。事務所を移籍したり、独立するとなって揉める芸能人が多いのは、そこをきちんとしていないから。それに仕事がない間、支えてもらったという恩義もありました。だからこそ、事務所との関係はきちんとしておかないといけないとわかっていたので。

倉山　そういうこと、今の二十歳の子にこれができるかっていうとね。

杉田　のほほ～んと遊んでいたら無理ですよね。

倉山　そういう感覚というのは、誰かが教えてくれたりしたんですか？

千葉　辞め方なんていうのは誰も教えません。ただ、周りにいる大人たちとのやり取りの中で、少しずつ学んでいったというところでしょうか。

杉田　学校はどうしたの？

千葉　高校は卒業しました。福島から転校して入った学校はジャニーズのアイドルグループメンバーが同級生にいるような、クラスメイトがほぼ業界のお仕事に関わっている学校で。だから、休み時間になると仕事の話になるんです。誰は何の仕事もらった、私よりブスのくせにみたいな話とか、あなた仕事ないの？　みたいな言葉も飛び交ったり。辛かったです（笑）。『ジュウレンジャー』に出演させてもらうようになってから仕事が忙しくなったので、途中で普通の定時制高校に転校させてもらいました。芸能界というのは、事務所に所属していても、仕事があるかないかで、天国と地獄ですからね。

杉田　過酷ですね。麗ちゃんが芸能界引退を決めたのは、何かきっかけがあったの？

千葉　自分が好きな仕事がほかにできたことですね。ゲームやパソコン、ネットが日進月歩で山を登り始めようというタイミングで、これは一時代が来るなと感じていました。芸能界も旬《しゅん》の入れ替わりが激しい世界でしょう。私みたいにどんどん新人の女の子がデビューしては消えていくのを四年も見ていたら、ピークというか、アイドルとしてやっていこうとしても、これ以上の伸びしろがあるかどうか、何となくわかりますし。

杉田　でも、ずっと同じパターンではなくても、芸能人として仕事を続けるという選択肢もあったわけですよね。

千葉　ええ。派手に売れなくなっても、実績があって、ある程度の地位があれば、惰性でずるずると続ける方が楽です。

杉田　それに、周りがちやほやしてくれるでしょう？　そういうことがなくなることへの不安はなかったの？

千葉　私は、そういうのは全然なかったです。

倉山　ちやほやされる快感が忘れられなくてカムバックする人もいる世界ですよね。

杉田　それは芸能界だけではなくて、政治の世界もそう。特に国会議員ともなれば本当にいつもみんながちやほやしてくれる。どこに行ってもみんなから神様みたいな扱いをされるのね。でも、選挙で落選したら、あっという間に手のひら返しの態度で、こんなにシビアなのかと思ってビックリしましたよ。

倉山　だから、一回でも当選してそれを味わってしまうと、政治理念以上の気持ちから、もう一度、あそこに行くんだって頑張る人もいます。普通の人は苦痛には逆らっても快楽には逆らえませんからね。杉田さんは、どうでしたか？

杉田　別にちやほやしてほしくて国会議員になったわけではないですからね。ただ、これに慣れたら怖いだろうなと思いました。

千葉　やっぱり水脈センパイ、できたらもう一回、議員に戻りたいとは考えているの？

杉田　日本のためになるのなら、戻れたらいいなとは思っていますね。そういうお声もいただきますし。ただ、議員は自分だけの力だけではどうにもならないので（苦笑）。時々、ツイッターで「何で議員やらないんですか？」って言われると、ちょっとカチンと来ちゃう。そういうときは「落選したからです」って答えますけれど。

倉山　アントニオ猪木さんもスポーツ平和党のときは、同じようなことを言ってましたよ（笑）。話を戻しますが、千葉さんが二十歳のときにした決断というのは、どんな意味があったと思いますか。

千葉　自分が一番心地よい状態に身を置こうと思ったということ。私にとっては、ちやほやされることが心地よい状態ではなかったの。やりたいことをやる！　だから、息子が小さかったころの育児との両立も大変だったたし、シングルマザーになってからも大変なことはあったけれど、それだってやりたいことをやると言って決めたことの一つだったから。

杉田　そういえば、麗ちゃんはシングルマザーで頑張ってきているのよね。いろいろ大変でしょう？

千葉　そうですね。でも、私の場合は高校生から自営業でキャリアを積んでいたような状態だったから、経済的な困窮がなかった分、恵まれてたかもしれませんね。

倉山　バブル崩壊後、大学を出て、フルタイムで働ける若い男子でも就職が難しい時代があって、最近やっとマシになったと言われていますが、それでも面接に何社も落ちる若者がいます。シングルマザーともなれば、就職のハードルはより高いものになりますね。

千葉　そうなんです。私のお友達の中にも離婚経験者が何人もいますが、面接のときに心無いことを言われたという話は山のように出てきます。子供が小さいとわかると「どうせ子供が熱出したら休むんでしょ」とか。夫の家の強い意向で親権を泣く泣く手放した事情があるのに「母親なのに子供を引き取らないなんて人でなしだ」とまでなじられたり。

杉田　親権を手放したということは、いわば独身に戻っただけですよね？　フルタイムで働くのに何の支障もないじゃないですか。

千葉　それでも離婚した女性とわかると、こういう心無い仕打ちもあるそうです。藁《わら》にもすがる思いでもらった仕事も、必ずしも合っている仕事ばかりではありません。とんでもないブラックな仕事をあてがわれて苦しむ例もいっぱいあります。

杉田　その仕事を失ったらという恐怖感があったら、何とかしようと頑張ってしまうわけですね。

倉山　そして、職場の嫌な人間関係に耐えるのが、主な仕事になってしまう。

杉田　そんな無理をしていたら病気になってしまいますよ。

千葉　そうやってうつ病を発症して苦しむお母さんもいます。

倉山　千葉さんも苦しんだ時期がおありですよね。その経験から、お友達のサポートもされていると聞きましたが。

千葉　ええ。幼い子供がいるときに、うつになってしまうと、虐待やネグレクトといった子供への影響を引き起こすこともあるので。同じ母親としては、とても他人事《ひとごと》とは思えなくて。お友達の中にはＤＶが原因で離婚している子もいます。ＤＶをする男性が相手だと、もう裁判所で話し合いどころではありません。とにかくまず物理的に避難が優先。

杉田　なるほどね。私はフランスで取材して、フランスの少子化対策は日本には合わないのではないかと思っていたの。

千葉　例えば、どういうところが合わないの？

杉田　少子化対策というくらいなので、子供が増える、出生率を落とさないことを目的にしているの。シングルマザーに対しての保障も手厚いし、子育ての支援もすごく充実しているのね。日本だと、この手の手当てを受けようとすると所得制限があるのだけど、制限も設けていないの。

千葉　すごいですね。

杉田　ＧＤＰ比で見てもくっきりとわかるのよ。日本の家族関係社会支出の割合は約〇・八％。

倉山　防衛予算と変わりませんね。

杉田　そうなの！　それに対して、同じ年、フランスは三％を超えているんですよ。

倉山　国家で子供を養おう、育児支援を積極的にすることで、収入や就労の状況にかかわらず子供を持つ親を保護しようという方法を採ったのですね。

千葉　そうすると育児にかかるお金の問題で、子供を産む時期を先送りしなくてもいい。それで積極的に子供を持とうという選択肢が選べるようになるわけですね。

杉田　だけど、それでは責任を持って子供や家族を養っていくという婚姻制度が意味のないものになってしまうのではないかと。自分が面倒を見なくても、国が面倒を見てくれるんだからと思ったら安心して離婚できるわけですよ。一方でフランスでは、離婚は必ず裁判をして、厳しく離婚後の生活設計を約束させるようにしているわけ。罰則も用意しているので面倒くさい。それで、最初から結婚するという選択をしない非婚カップルがすごく増えたんです。

倉山　非嫡出子が増えるということですね。

千葉　でも、日本の場合は、まず話し合いで離婚ができるなら必ずしも裁判は必要ないし、その次の段階で調停という方法もあって、裁判になるのは、よほど揉めて収拾がつかなくなってからですよね。

杉田 離婚全体の八割が離婚調停だと言われていますよね。裁判と違って、弁護士含めて費用がかからないし、個別に話を聞くようにしていたりと、心理的な負担も少ないし。ただ、日本の場合、問題なのは、離婚後の生活設計が個々に任されてしまうという点。養育費を支払ってもらえない、額が少ないといった問題もあるのね。

千葉 結局、その人がどのくらい稼げるかにもよると思うけど、強制って、できないんですか？ 絶対に払うようにさせるというような。

杉田 強制執行手続きがまたお金も時間もかかるの。あと、離婚という結論だけで精いっぱいで、養育費のことまで手が回らないケースもあるから、そこは何らかの形で補助していく必要があるのではないかなと思いますよね。

千葉 だから、子供の貧困なんて問題になるわけね。

杉田 そうね。心配なのは、それだけではなくて、フランスだと先ほども言ったように男系の家族制度を取っているので、子供は認知された父親の姓を名乗ることになっている。婚姻関係が複雑になると、同じ屋根の下に暮らしていても、名字が違うという表面的なこともあるし、自分を産んでくれた両親と違う人とが暮らすことで家庭環境が子供に与える心理状態ってどうなのかなと思うんですよね。少子化は防げても、本当にそれでよいのかなと。

千葉　そこはケースバイケースもあるかも。それこそ、DVをする夫婦の下に子供を置く方がよほど危険なこともあって……う～ん、難しいですよね。理想はあるのだけど、必ずしもみんなが同じように成功するとは限らないから。

倉山　わが国なら、基本としての「夫婦相和し」という教育勅語に挙げられているような徳目を持っているかどうか。そこで活きてくるのではないですか。

千葉　そうですね。夫婦仲良くしなさい、親子仲良くというのは当たり前のことですもの。

倉山　当たり前のことまで法律にして、国が縛る必要はありません。フランスは家族制度よりも、人口問題として子供が増えないことの危機に対して舵《かじ》を切った。国という大きな共同体で子供を産み、育むという選択というのは、戦後に核家族化が進む前の日本に近いのかもしれませんよ。

杉田　言われてみれば、経済的な支援策という形で、個々の家族単位ではなくて、大勢の大人で助け合って子供を育てていく、弱い立場の人たちを守る……そういう不足を補う発想で考えることというのは、一番保守がやっていないことかもしれません。

倉山　いわゆる保守の人たちの中は、これが正しいんだ、伝統的なんだという型枠にはめ込んで物事を考える傾向があります。皇室のように血統や伝統を守らなければならない人たちにはそれは必要なことかもしれませんが、それを全部の国民に当てはめることは酷な場合もあります。

千葉　水脈センパイのように、ずっと一人の人とラブラブでいられたらと思うけど、それを見極めようと疑心暗鬼になったら、ずっと結婚できないまま人生が終わっちゃうかもしれない。

倉山　若者が結婚しない、できない理由には経済の問題も大きい。フランスの少子化対策をそっくり真似《まね》しなくても、ただ経済を立て直すだけで解決する問題もあるのではないかと思いますけどね。フランスの少子化対策は成功例なのですから、そこに学び、取り入れることはできると思います。ちなみに、こういう弱者救済を巧みに利用しているのが左翼。だからこそ、こういう問題を左翼だけに任せていてはいけません。

杉田　日本って、いろんな国のいいところを取り入れるのが上手な国民性を持っているはずなので、あとは気づいて、行動できるかですよね。

倉山　明治時代の先人たちはそうやって欧米諸国に追いつき、追い抜いたのです。現代の私たちにだってできないわけはないと思います。

保守は陰謀論より経済を語れ

杉田　フランスでは、ジャーナリストと名乗っても、あんまり信用されなかったの（苦笑）。

千葉　どうして？

杉田　フランスでは、そもそもジャーナリストは嘘《うそ》をつくものだという考え方があって。事前に教えてくれた人がいたので、渡仏前に「日本のこころ広報担当」という肩書をいただいて、それで名刺を作って持っていきましたけれど。

千葉　日本だと逆のイメージですよね。ジャーナリストというと、真実を追求する！って切り込み隊長みたいな感じがする。だけど、言われてみれば確かに、日本って、メディアが流す情報を疑わない人、まだ多いよね。

杉田　そうよね。フランスやデンマークだと、まずメディアは嘘をつくものだと子供たちに教えているのよ。中学校の公民の教科書の最初から、自分でメディアが出す情報が正しいのか、嘘をついているのかを見分ける目を持ちましょうと書いてある。

千葉　だけど「本当かどうかを見分ける目を持ちましょう」だけでは、中学生だとわからないですよね。具体的にはどんなふうに教えているの？

杉田　どうやってメディアが嘘をつくのか、いろんな「手口」の例を挙げています。例えば、何人か映っている画像で、特定の人だけを大きく見せたいと思ったら、他の人の身長を低くする。加工する前の写真と加工後の写真を並べて見せるわけ。

千葉　そういえば、フィギュアスケート選手の浅田真央ちゃん、かわいそうでしたよね。

杉田　ネットではかなり話題になっていましたよね。真央ちゃんが転倒した場面の等身大パネル写真の足が短く加工されていた話でしょう？

千葉　そう！　しかも日本の放送局がそれをやった、みたいな？　真央ちゃんは日本を代表する選手なのに、その引退の報道で、なぜ用意された等身大パネルが転倒シーンなの？　と思いましたもの。どうして、自国の代表選手を傷つけることをするのだろうと。私も芸能界で活動していて、テレビのお仕事をしていたときにはいろいろあったけれど、さすがにこういうことはなかったですよ。

杉田　スポーツだと、日本代表選手を応援しても、「愛国心を強要するな」みたいな話にはならないのにね。だから、なおさらおかしいなという違和感を持った人が多かったんですよね。その局は、対照的にライバル関係にあった韓国のキム・ヨナ選手を持ち上げていたり、韓流ドラマを放送しすぎだというバッシングも受けていたじゃない。それで、その局は在日韓国人に乗っ取られているのではないかという噂《うわさ》になっていますものね。

倉山　実は私、その話の真相どうなんですかってよく聞かれるんですよ。

千葉　くらら先生、知っているの？

杉田　どうなんですか？

倉山　真相というよりも、事実としてわかっていることでいうと、景気が傾いて、ドラマも含めて番組を作る予算が削られていったというのが発端なんです。投資に回すお金がなくなれば、コストカットをするのは民間も国も同じで、韓国のドラマの放送が多くなったのは、韓国ドラマが安かったことと、それが視聴者に受けたというのがきっかけです。

千葉 それだけ？　拍子抜けするんだけど。

倉山 国際情勢の変化もありますよ。米ソ冷戦の時代の朝日新聞なんて、韓国のこと「悪の帝国」呼ばわりですから。

千葉 え？

倉山 当時は北朝鮮が「地上の楽園」で、朴正熙《パク・チョンヒ》や全斗煥《チョン・ドゥファン》は「アジアのヒトラー」扱いでしたから。軍部独裁でしたから。

杉田 開発独裁と言って、経済成長を成功させるために、独裁者がすごい権力を握るの。実際、「漢江《ハンガン》の奇跡」っていうのがあって、韓国は世界で二十位以内に入る経済成長を遂げたの。そうすると、民主主義は後回しになるの。

千葉 朴正熙って、この前、辞めさせられた朴槿恵《パク・クネ》のお父さん？

倉山 そう。全斗煥が退陣すると、民主化が進みました。そうなると、軍の発言力は弱まって、「北朝鮮とそんなに喧嘩《けんか》しなくていいじゃん」ってなったんです。

杉田 それを太陽政策って言います。

倉山 本家の韓国が北朝鮮と仲良しになるから、朝日新聞は韓国の悪口を言わなくなる。マスコミ、特に制作費を安く上げたいようなＮＨＫやフジテレビが韓国のドラマを買ったら、それが韓流ブームになった、という背景です。

杉田　韓流ブームの火付け役はＮＨＫの「冬のソナタ」だったと思うけど、それで視聴者の側にももっと韓国のドラマを見てみたいというニーズが生まれていたから、ブームに乗っちゃったということ？

倉山　そんなところでしょうね。結果、もっと作品を取り扱おうとしたら、当然、韓国側の人を取り込むことにもなるわけで。

千葉　へえ〜。そんなのマスコミには絶対出ないね。それと、ネットではよく「反日マスコミには在日が多い！」って言うけど、ホント？

倉山　多いかなあ。数えたことないけど。もちろん、メディアに一定数の在日コリアンがいるのは確かです。

千葉　でも、そうなると、今までみたいに「月9《ゲック》」とか国内でドラマを作っていた人たちの仕事も減ったはずですよね。

倉山　千葉さんも特撮だけではなくて、トレンディードラマにも出演されていたからご存じだと思いますが、当然、心あるスタッフさんたちもいて、巻き返そうと頑張っていたようです。だけど、最後は予算、コストに行きついてしまう。それで今に至るというところですよね。

杉田 保守の人たちは、こういう話があると、すぐ裏で誰かが糸を引いてるに違いないっていう陰謀論に祭り上げる悪い癖があるのよね。

千葉 それ、ある！（笑）

倉山 オカルトとしては面白いかもしれないけれど、何でもそういう話にするのは考え物です。まず、普通に考えること。私が聞かされる話にＣＩＡ（アメリカ中央情報局）のスパイだという話も多いのですが、言っておきますけど、ＣＩＡって大したことないですよ。

千葉 大したことないの？

杉田 ないない。だって、ネットで検索したら、簡単に超極秘の情報がわんさか出てくる。超極秘なのに（笑）。

千葉 それって、○○○○事務所の闇《やみ》とかとあまり変わらないかも（笑）。

倉山 そういうレベルで疑ってもいいんですよ。

千葉 でもテレビや新聞みたいな既存のメディアが信用できなくなって、ネットを見る、それも信じるな、だと何を信じればいいのか。

倉山　それ、いきなり答え言うんじゃなくて、最後まで取って置きましょう。

杉田　ところで、最初でも話したけれど、若い人が政治に参加をしていくのはいいことなのだけど、具体的にどこの政党や候補者に一票を入れればよいか、大人でもすごく迷うし、わが家は全然、話題に上らないのだけど、麗ちゃんのところはどうしてるの？

千葉　う〜ん、言われてみれば、何もしてないなぁ。大体、私も迷うし。水脈センパイはお嬢さんから「ママのお仕事ってさ〜」みたいな会話はしないの？

杉田　大体、私がどこの政党だったのかも興味がないかもしれない（笑）。

倉山　千葉さんのこういう活動について、息子さんはどう言ってるんですか？

千葉　夕飯とか作ってる間に出版社から電話がかかってきたりしたんですよ。『さよならパヨク』のときとか、今、Ａｍａｚｏｎで何位にランキングされているとかどうとかって話をしていると、家に積んである本なんかをチラ見してたり。たまに、電話受けていて、どうしても手が離せなくて、代わりにインターネットちょっと見てって頼むとやってくれたり。何だかんだ言っても、やっぱり興味はあるんじゃな

いかな？　友達とスカイプで話している声が聞こえるときがあるんだけど、たまに面白い（笑）用語が混ざってて！（笑）

杉田　「あいつ、パヨってる」とか？（笑）

千葉　そんな感じ！（笑）

杉田　うちの娘は、私が何してるとかいう話はしてこないけど、知らない人が「杉田水脈さんのお嬢さんですよね？」って話しかけてきたって、そういう話はありますね。

倉山　まぁ、家族で選挙の話はあまりしないのかなぁ、普通。

千葉　くらら先生、選挙に詳しいんだから、何かいいアドバイスはない？

倉山　議員は意外と会ってくれます。特に地方議員は。

杉田　高校生とかが会いに来てくれるって言ったら第一優先で会いますよ。政治家はみんな、そういうの好き。

千葉　そうなんだ！

杉田　そういえば、今回の都議選を見てても思ったんだけど、候補者の人たちで地方議会の選挙なのに天下国家しか語れない人っているでしょ。知事選とか地方議員選挙のときは、そういう発言をチェックすると、どのくらい勉強しているかわかりますよ。どこの党でも、立候補を志願している人を集めて講演会を開いたりして勉強するわけだけど、その講師が国のことや、目立つトピックしか語っていないとすると、私みたいに国政選挙に出た人は活かすことができても、地方議員は違うでしょう。そこで習ったことだけでやろうとすると、聞いた講師の話をコピーしたみたいなことしか言えないわけ。

千葉　今回の都議選だと、豊洲《とよす》関係ないでしょって所でも豊洲の問題を言ったりとか？

杉田　そうそう（笑）。私のところによく来るウクライナの留学生の子に、日本はマクロンみたいに新しい政党をつくって、旋風起こしたらいいじゃないですかって言われたんだけど。

倉山　もう、それですでにいっぱい失敗してます！（笑）

杉田　賞味期限、五年もないじゃん！（笑）

倉山　ずっと名前変えずに残ってる政党って、自民党と共産党だけですもんねぇ。

千葉　公明党は？

倉山　公明党は一回、新進党へいってるんです。

千葉　だから、みんなもう新しい政党ができても期待しないし、それこそ信用しなくなっちゃったところがあるんだ。

倉山　さっき、杉田さんが言っていたけど、知事選や地方議員選挙なら、その自治体特有の問題をちゃんとつかめているかが一つの判断材料になるし、国政と共通で言うなら、経済問題をどう考えているのかをチェックするということ。国でも、地方自治体でもそうなんですが、予算を何にどう使うというビジョンを持っているかをチェックすることです。千葉さんは会社を経営しているから、その辺の感覚ってわかるんじゃないかなと思うんですけど。

千葉　経済と言える話ではないのだけど、パヨクってカンパを集めるときに、ゴミを出すときに使う大きいビニール袋を使ってたの。それを回して、お金を入れてもらっていたわけ。なぜか、中にどんどんお金が入れられていっぱいになるのね。最後、そのお金を、一部の人たちだけが分けたりしていたのだけど、それを見たときに、この人たちにとって、お金って何なんだろう？　って思ったの。もちろん、私はそういうお金は絶対もらったりしなかったけれど。

杉田　お金の割り振り方もあったけれど、お金の扱い方からも見えるものがあると。

千葉　私は自分で会社も興しているし、お金を稼ぐ大変さというのはわかっているつもり。だから、まずお金を集めるのにゴミ袋はないだろうと思ったの。確かに大きくて便利だけどね。出してくれるカンパに対するリスペクトが感じられなかった。

杉田　麗ちゃんがパヨクをさよならしたのは、そういう実態からも疑問を抱いたからだったのね。

倉山　お金をどう使うか。「予算は国家の意思」という言葉があります。予算というのは国のグランドデザインそのものなので、これが描けない政治家は政治をやってはいけません。政治家を選ぶときに人柄やイメージを見てしまいがちですが、そういうものは実際の政治にはほとんど反映されませんからね。

杉田　倉山先生は「保守は経済を語らないから弱いんだ」とよくおっしゃっていますよね。

倉山　あちこちでしている話なのですが、保守系の集会に若者が少ないのを嘆いている老人たちが多いんですよ。だから、一度言ったことがあるんです。彼らは興味がないから来ないのではない、参加費を払う余裕がないから来ないいんだと。経済を立て直したら、状況は変わると。そこを理解できない老人は多いんです。年金などにしても、すごくいい条件で今を迎えることができている人たちも多いですから、私のようにバブルの匂《にお》いだけかがされて、月収数万円がやっとみたいな生活しかできない若者のことを想像できないんです。

千葉 そうか。あの安保法案のときとか、沖縄の基地問題で座り込みしている人たちに日当が配られているじゃない？　それって、そういうことなんだ。

倉山 そう、金でああいうことをする人たちもいる。彼らにとっては、イデオロギーなんて関係ない。お仕事としてハンタイ！　ってやっている。彼らは、そういうところでのお金の使い方、うまいと思いますよ（笑）。

杉田 私なんて、本当は外務省がやらなければならない、日本の国益を守るための発言を自腹切ってやっています。こういうことが、ちゃんと「仕事」として回ったら、そこで頑張ろうという人がもっと集まってくれるのになって思います。

倉山 杉田さんが国連で訴えている慰安婦問題も、日本がなかなか韓国や中国に勝てないのは、アーカイブといって証拠となる一次資料を整理する力が弱いことが原因にあります。驚かれると思いますが、中国や韓国はそういうところに日本の何倍もの資金を投じています。だから、人材も豊富。私がかつて勤務していたアジア歴史資料センターという機関があるのですが、例えばここに五億円投じて、仕事がなくて埋もれている優秀な文書学を修めたオーバードクターを雇用するだけで、慰安婦問題の歴史戦に今よりは対抗できるようになるはずなんです。

千葉　くらら先生、国の予算規模で考えたら、五億円って大変な金額？

倉山　国家予算からしたら、誤差の範囲です。だけど、それでちゃんと国のためになる働きをしてくれて、彼らを雇用することは、後に続く若者、志のある学生たちに意欲をもたらすと思います。今、千葉さん、息子さんを大学に送り出そうという立場にあるけれど、当然、その先のことを考えなさい、そういう話をされるでしょう？

千葉　そうですね。息子がやりたいと言った分野で大成するかどうかは別だけど、そこを目指していって、自立した生活ができることにつながるのかどうかというのはすごく考えます。

倉山　あと、無駄遣いと糾弾されがちなものに、軍事予算もあります。最近、防衛ジャーナリストの桜林美佐さんが言うようになって広まりましたが、トイレットペーパーが二ロール目から自腹という話。普通、会社に雇ってもらって、そんな会社ありますか？　それくらいちゃんとしてあげましょうよというレベルからやらないといけない。そして、今、北朝鮮有事が現実味を帯びてきて、目が覚めてきた人たちもいると思いますが、軍事って武器を買い込むだけではありませんからね。

杉田　例えば、どんなことがありますか？

倉山　道路や港湾の整備。それから、評論家の江崎道朗《みちお》先生がよくおっしゃっていることとして、医薬品の備蓄がありますね。

千葉　震災とか、自然災害が起きた時の備えとあまり変わらない感じですね。

倉山　そうですね。阪神・淡路、東日本、熊本といった大震災のときに自衛隊が出動して活躍したので、北朝鮮のミサイルなどが着弾したときも同じように自衛隊が対応してくれるのではないかと思っている人も多いと思いますが、有事の場合はできません。

杉田　そう、それを誤解している人、すごく多いです。

千葉　私も知りませんでした。

倉山　地方自治体の選挙で、こういう予算を提言しますという中に、有事のときに住民の生命を守るような物資の整備をしているか、避難訓練をやろうと提案してくれているかを見るというのもありますよ。

杉田　その自治体の住民に対する本気度が見えますね。

千葉　この間、お仕事で参議院議員の和田政宗先生とお会いしましたが、本でもすごくわかりやすい説明をされますよね。私たちの側からもリサーチはしていかないとダメだとは思うけど、政治家の人たちにも「わかりやすさ」というのを目指してもらいたいです。

倉山　旧来の「地盤・看板・鞄《かばん》」を継いで支持母体がはっきりしている政治家は、あぐらをかいてきた面もあります。投票率が低ければ低いほど、公明党や共産党のような組織がしっかりしているところが勝つことになります。

杉田　変えたかったら、一人でも多くの有権者が動かなきゃダメってことですね。実は、フランスでは、政治についてお茶を飲みながら話すなんて、普通のことなんです。

千葉　そうなんですか？　日本だと、逆に避けてしまいがちですけれどね。『ママは愛国』にも書いたんですよ。自分の国に愛国心を持ってないと、海外では相手にされないよって。

杉田　でしょう？　だから、日本からフランスに移住した人たちは、そこで慌てて勉強を始めるのね。だけど、そこで正しい日本の政治認識や歴史を教えているのが左翼たちなんです。

千葉　フランスに行ってからじゃ遅い！　ですよね。

杉田　だからね、この本で私たちがこうやって話すみたいに、これから日本でもお茶を飲みながらでも、自分の国のこと、政治のことを話すのが当たり前にしていかなくちゃ。

第二章

元祖左翼フランスから日本の左翼を見てみれば

真実を語っても歴史修正主義～オーストラリアとフランスを結ぶもの

倉山　第一章でフランスについて触れたので、大統領選について見ておきましょうか。

杉田　フランスの話に入る前に、六月にしたオーストラリアでの講演会の話をしていいですか？

倉山　あっ、左翼の妨害で会場変更した話ですね。

杉田　そうなんです。直前になって予約していたメルボルン近郊の自治体が管理する会場が使えなくなって、急遽《きゅうきょ》、変更をしなくてはならなくなったんですね。講演会は変更した会場で開催できたのですが、どうしてそんなことになったのかと思ったら、市役所に苦情が来たというのですね。

千葉　どんな苦情？

杉田　杉田水脈というリビジョニストに場所を提供するのはケシカラン！　と。

倉山　千葉さん、リビジョニストって言葉、パッとわかります？

千葉　普段使わないです（笑）！

倉山　杉田さん、説明をお願いします。

杉田　リビジョニストというのは歴史修正主義者のことです。もう一つ似た言葉にネガシオリストというのがあり、それは否定論者という意味です。これはオーストラリアに行く前、フランスに行って、初めてわかったことですが、リビジョニストっていうのは、ヨーロッパではナチスのユダヤ人ホロコーストを否定しようとする人って意味になるので、向こうでは犯罪者と同義です。ネガシオリストはさらに強い意味合いを持っています。

千葉　正しいことを主張しても？

杉田　そう。慰安婦問題はこれが真実なんですと言ったところで、杉田水脈はリビジョニストだ！　安倍晋三はリビジョニストだ！　とかレッテル貼《は》りされちゃうと、そこから先、聞く耳を持ってくれないんですよ。たとえ私がホロコーストを否定してなかったとしても、そこでシャットアウトされちゃうんです。

千葉　海外ってシビアですよね。

杉田　日本のマスコミはル・ペンのことを極右と書くけど、海外のマスコミが日本の政治家をどのように書いているのか、当の日本の政治家はあまりに無頓着《むとんちゃく》だと思います。フランスでは第一次安倍内閣のときに、安倍さんをスーパーウルトラナショナリストって紹介していました。稲田朋美さんもネガシオリストって書かれてるんですよ。だから日韓合意をやったときには「あの安倍晋三が謝った」と報道されました。なぜ「あの安倍晋三」と強調されるかと言えば、安倍さんの極右的なイメージが世界中に流れまくっていたからなんですよね。

千葉　それはフランス人の報道？

杉田　フランス人の報道ですよね。日本の報道で極右政党国民戦線のル・ペン党首がーってやるじゃないですか。同じような感じですよね。レッテル貼り。

千葉　フランスのマスコミも、左翼的、パヨク的なの？

杉田　向こうは全部、左だと聞いています。日本に産経新聞があるのが素晴らしい、羨《うらや》ましいぐらいフランスはマスコミ全部が左だと。自由の国だからもともとリベラル勢力が強いのは当然ですよね。

倉山　ジャーナリストと言っても信用されないって、第一章でおっしゃってましたよね。

杉田　そうなんです。名刺を作るときに裏には一応ジャーナリストとも書いたけど、私は本も出してるから作家・ライターという意味の écrivain（エクリバン）にしました。ジャーナリストっていうのは嘘をつく人だというだけでなく、レッテル貼りをする人だと思われるからって助言もありましたから。

千葉　そのレッテル貼りって、アウシュヴィッツを否定するレベルなのね。

倉山　ハリウッド映画だと、ナチスって問答無用の悪役だし、まともな政治家ならアメリカの奴隷制をかばえないじゃないですか。それを否定しているみたいなイメージで、リビジョニストと言っている。だから、日本の歴史を弁護しようとしたらリビジョニストにされてしまうんです。

千葉　弁護するだけでリビジョニストか〜。

杉田　いろんな所を取材してきてわかったんですが、最近、それがにわかに目立つようになっています。ずっと昔から、中国や韓国、日本の反日日本人の人たちは海外に向かって慰安婦問題とか南京大虐殺問題はホロコーストに匹敵する戦争犯罪だと言いふらしていたからなんです。

千葉　意味がわからないよね。

杉田　何が匹敵するだよ、こっちは捏造《ねつぞう》な上に、数も動機も目的も全然違うじゃんって思ってました。でも、反日日本人たちが世界中にバラ撒《ま》いた嘘がすでに受け入れられてしまっています。海外では日本の悪行が本当にあったというのが前提になってる。少し前までは、日本の中でも、嘘を嘘だといえる人は少数派でした。慰安婦は強制連行じゃない、戦争の理念は間違ってなかった、朝鮮・台湾に対していいことをした、南京大虐殺は捏造だとか発言しただけで吊《つる》し上げにあったり、要職を辞めさせられたりした人がたくさんいたわけです。

千葉　でも、最近はくらら先生とか水脈センパイみたいに正しいことを堂々と発言できたり、受け入れられるようになってきたりしているのではないんですか？

杉田　それはその通り！　国内の流れは確実に変わってきて、私たちの方が正しいんだよという空気になってきたし、政府も私たちの言ってることを後押ししてくれるようになって、国連でも慰安婦強制連行は証拠がない、性奴隷っていうのは事実に反すると明言してくれたでしょ？　カリフォルニア・グレンデール市の慰安婦像裁判のときにも日本政府がアメリカの最高裁判所に対して意見書を出してくれました。そこに至って余裕全開だった左翼陣営は「政府がこいつらにお墨付きを出し始めたぞ！」って焦ってると思うんです。

千葉　なるほど！

杉田　ところが、そこで出てきたのが、日本政府ごとリビジョニストだという反論不可能なレッテルなんです。

千葉　向こうの方が動きは早い。

杉田　そう。だから、私はオーストラリアでリビジョニストだと言われたわけです。つまり、私＝慰安婦否定論者ってことになってるんですよね。すでに国際社会の認識は、慰安婦問題＝ホロコーストに匹敵する戦争犯罪にまで高まっています。それを否定する杉田水脈は悪魔のようなひどい奴だ、犯罪者だ、となります。

倉山　全然レベルの違う話なのに、朝日新聞なんて慰安婦とボスニアの民族浄化のためのレイプを一緒にしてますもんね。

杉田　今後、日本政府が河野談話や村山談話を撤回しようとする動きを見せたとしますよね。その場合、彼らは、日本政府そのものがリビジョニスト化してると宣伝をするだけでいいんです。他の国の政府は、日本に分があると思っても、極右・歴史修正主義政府に味方するのか！　と言われてしまうと何もできません。先ほども言いましたが、海外の報道では安倍さんがスーパーウルトラナショナリストなんです。

倉山　『ウェデマイヤーレポーツ！』（邦題『第二次大戦に勝者なし』講談社学術文庫、一九九七年）で知られる、アメリカ軍人のアルバート・ウェデマイヤーやイギリスの歴史家・クリストファー・ソーンのように、日本にだって言い分があったと認めてくれる人はいました。しかし、欧米の学界では、南京、バターン、重慶といった日本の数々の悪行は承知してますよという枕詞《まくらことば》を必ず付けなくちゃいけないんです。そうしないと「君はリビジョニストだ」とレッテルを貼られて犯罪者扱いです。日本の学界も大概ですが、歴史問題では欧米にもある種の日本タブーがあって、真面目に歴史を相対評価してしまうような学者は、人間として扱われません。日本は悪い国って前提でできあがったのが戦後の国際社会でその頂点に国連があります。

杉田　私はこれらのより大規模なレッテル貼りを主眼に入れていて、もう日本の歴史戦は第二段階に進んだ、向こうが違う手を打ってきたのだから、私たちはさらに上手《うわて》で行かないといけないと考えています。私は今まで、歴史の事実を単に政府が認めてくれれば、例えば、政府が河野談話を見直したら終わると思ってたけど、それでは終わらなくなった。自分の講演会では、向こうは新しい戦い方の手を打ってきているし、撥《は》ね返すのが難しいところまで進んできたっていう話をしています。

千葉　国内レベルじゃなくて、国外レベルの情報戦でもあるんですね。

杉田　日本の心ある人々は、リビジョニストなんていうレッテル貼りに負けるな！　新しい事実が出てきてるから修正するのは当然じゃないか！　と言うかもしれません。でも、その議論は、国際社会では全く通用しないってことなんですよね。そんなこと言った瞬間に、もうアンタたちの意見は採用できません、議論になりませんって打ち切られてしまいます。

フランス大統領選挙でも見えたもの

倉山　フランスについては『嘘だらけの日仏近現代史』（扶桑社新書）という本を今年の三月に出したので、フランスには思い入れがあります。千葉さんはフランスに行かれたことはありましたっけ？

千葉　ないでーす！　ほかの国にはいっぱい行っているのに、フランスだけ、なぜか！（笑）

倉山　それじゃ本になりません（笑）。杉田さんはどうですか？

杉田　私は、倉山先生の本に出てくる典型的女子のように憧れだらけでしたよ。昔、父が海外出張でフランスに行ったときに、ノートルダム大聖堂が描かれた絵葉書を送ってくれました。それが五歳のころ。それ以来、ずっと憧れの国でした。ようやく渡仏できたのが今回、五十歳になってからでしたけど（笑）。

倉山　フランスへ行かれたのは四月でしたよね？

杉田　そうなんです、フランス大統領選挙の取材で行きました。ほとんどがパリでの取材でしたが、国民戦線の本部の取材のためにパリから少し離れたナンテールにも行きました。その取材の中で、ル・ペンって本当に保守なの？　私たちが思っているような保守なの？　という疑問が生まれました。日本のネットを中心に、ル・ペン頑張れ！　マクロンなんかになったらフランスがなくなるぞ！　という声も聞こえてきていましたからね。

倉山　あった、あった。

杉田　ところが、ル・ペンは日本人がイメージする保守・右派の姿とは少し違うんですよね。例えば彼女は同性愛を認めています。彼女がイスラム教の人たちを快く思っていないのは、彼らのような反同性愛者たちを国内に入れたくないという理由も大きい。原発政策では、マクロンは原子力発電推進派なんです。だから、脱原発派の人は誰に入れたかと言うと、ル・ペンに入れてるんです。

千葉　え？　意外ですね。

杉田　その論理もすごくおかしいんです。フランスには移民がたくさんいるから電気が必要なのであって、彼らを元の国に帰したら電気がいらなくなることによって、脱原発できるんだそうです。ちょっと無理があるでしょ？（笑）

倉山　マクロンとル・ペンの対決は、日本だと性別は逆ですが、小池百合子と桜井誠の戦いのようなものですね。マクロンっていうのは、小池百合子みたいにふわーっとしていて、右も左も、極端な人以外は全部抱え込むスタイルです。桜井誠っていうのは、本当はそこまで過激じゃないんだけどイメージが付いてしまってて、なんとか脱皮しようみたいな、それがル・ペンですね。

千葉　というか、小池さんが自分で「私はマクロン」とか言いだしちゃった（『正論』二〇一七年八月号）。

杉田　脱皮でたとえるなら、確かに国民戦線は桜井誠の日本第一党と似ていると言えますね。マリーヌ・ル・ペンの父親が立ち上げた最初期の国民戦線は、あまりにも過激で、みんなから相手にされず支持率も低かったです。ところが、彼の娘が党を継いでからは柔和路線へシフトし、それなりの支持率の獲得に成功した。それが今のル・ペンの国民戦線だと思うとわかりやすいです。

千葉　だから小池さん、「私はマクロン」と言ったんですね。

杉田　マクロンさんと小池さんの行動は似ていますよね。二人とも大臣までやりましたが、小池さんは自民党を割って「都民ファースト」、マクロンさんは社会党を割って「アン・マルシェ（前進）！」というように、既存政党を割って新党を立ち上げたという共通点もあります。

倉山　そして、その新党が議会で大勝したというのも同じ。

杉田　知事を大統領と考えれば、似てるかも。知事も大統領も、議会とは別に直接選挙されるし。

千葉　そっか！　似てる、似てる！

倉山　だって、日本の知事は大統領制を真似《まね》てつくったんですもん。

千葉　じゃあ似ていても当然なんですね！（笑）

杉田　でも、小池さんとマクロンが似てるのはそこだけじゃない。二人とも、右にも左にも、両方から支持を得ようとしているところも同じです。

日本的な右派・左派では割り切れないフランス〜共産党は極右

千葉　それにしても、フランスの右派・左派というのはわかりにくいですね。

倉山　さらにわかりにくいのが、フランス共産党ね。

千葉　フランスって、まだ共産党があるんだ。

倉山　たくさん議席を持っているわけではないですが健在です。フランス共産党は日本人のイメージでいうと極右です。

千葉　共産党が極右？

倉山　日本人の感覚で言うと、極右です。

杉田　フランス共産党もフランス万歳、って意味。

倉山　第二次世界大戦が勃発《ぼっぱつ》して、フランスはあっさりとヒトラーに占領されてしまったのはご存じかと思います。そのとき、戦後フランスの英雄として祭り上げられるシャルル・ド・ゴールはロンドンに亡命政権をつくり抵抗運動をするんですが、フランス共産党はフランスに残って武器を持って戦っていました。

千葉　え？

杉田　嘘みたいだけど、本当なの。

倉山　フランス共産党書記長のモーリス・トレーズはソ連とスターリンの信奉者なので対独戦争を批判した挙句、占領後はモスクワに逃亡していました。しかしそんなのをほったらかしでフランスに残った共産党員は、共産主義とフランスだったら迷うことなくフランスを取ると言って抵抗活動を続けるんですね。

千葉　日本の共産党からは想像できないような……。

杉田　それを倉山先生は、極右愛国共産党と言ってるの。

千葉　勉強になります。

倉山　四年にわたる武装闘争の末、一九四四年にはパリ解放でド・ゴールが颯爽《さっそう》と舞い戻ってきます。ところが選挙をしてみれば共産党が第一党になってしまいます。フランス人は、実際に国に残って戦った奴が偉い！　って評価したんです。

千葉　なるほどね。

倉山　そうした状況ですから、英雄ド・ゴールも共産党と連立を組まざるを得ない状況です。フランス人は、誰がフランスのために戦ったのかしっかり見ていたんですね。フランス共産党のおかげで、フランスは東ドイツのように共産化せずに済みましたから。

杉田　共産党でそのレベル。それですから、社会党は言わずもがなです。土井たか子さんが、といったらわかる？

千葉　あの、マドンナブームの？

杉田　そう。彼女が社会党委員長をしていたころ、当時のミッテラン大統領が同じ社会党だからって会いに行って対談したけど、全然話が通じなかったって。

千葉　憲法を守れ！　平和主義！　とか言ったの？

倉山　フランス憲法は、フランスを守るためには戦うぞ、ですから（笑）。

杉田　フランスは核保有国で、ミッテランさんはボタンを握っているわけだから。

千葉　緊張感が違う！

倉山　そう。平和のためには、軍事を考えなきゃって。何より、愛国心がある。

千葉　日本の左翼やパヨクにも見習ってほしいですね。繰り返しだけど、政府を批判するなら、愛国心を持って批判しなきゃダメでしょ？　ってことですね。

倉山　その意味で言うと、愛国心のない左翼はただの売国奴ですから、日本の左翼は左翼ではないんですよ。あれは左翼じゃなくて、売国奴。国の裏切り者。日本で左翼を名乗る連中に反日しかいないのはそのためです。

杉田　いても少ないかなぁ。

千葉　私は、会ったことないかもしれない……。

倉山　話を戻すと、なぜド・ゴールが共産党と連立が組めたのかといえば、共産党でさえしっかりとした愛国勢力だったからなんですね。ただ先日報じられたところによると、フランス共産党は来年にも解散してしまうらしいです。

千葉　反体制派、反政府派も愛国心を持つ。『ママは愛国』でも書いたけど、国を愛することと、政府に反対することは別問題ということだよね。

倉山　ざっつ、らいと！

千葉　なぜ、英語？（笑）

杉田　C'est vrai !

倉山　おそれいりやした。

フランスに反戦デモは存在しない

千葉　フランスの左翼って、日本で国会議事堂を取り囲んでいる人たちみたいに反戦デモとかやるの？

杉田　反戦とかそういう感覚はフランス人にはないの。そもそも、戦争反対とかいう概念がフランス人にまずない。武力で自国を守るのは当たり前、場合によっては先制攻撃も辞さない。だから、反戦デモもあり得ないの。フランスのみならず、これが普通の国ですよね。

倉山　フランスでは戦争をどうやってやるかの議論しかありません。イラク戦争のときでさえ、そんな戦争は無意味だからやめろと言っていただけでした。やり方が稚拙だとか、今はそのタイミングではないとか、ただそれだけの理由ですもんね。共産党まで含めて、フランスのために政府を批判するという立場がイデオロギー的対立を超えて存在しています。

杉田　さっき麗ちゃんが言ったみたいに、愛するフランスのためになることをするという考え方をみんなが持っていますね。右も左も。フランスもイデオロギーは一枚岩ではありません。国民戦線にも共和制支持者はもちろんいますし、共和制以前の王政復古も真剣に考えてる人もいるわけです、彼らは王様の血を引く人を見つけ出して、その人をもう一回擁して王制に戻そうという王党派だって厳然と存在しています。

千葉 ごめんなさい、王党派って何ですか？

倉山 王党派というのは、王制を支持する政治勢力のことです。フランス革命でルイ十六世の首をちょん切ってしまったあとも、革命の恐怖と混乱よりは王制の方がいいよという人たちがいたわけです。

千葉 革命前の王様と、その子孫にまた王様になってもらいましょうというのが王党派ってこと？

杉田 そう。

倉山 ただ、その王党派も一枚岩ではないんです。フランスの統治者だったブルボン家を支持する人たちがいて、七月革命後のドサクサで即位したルイ・フィリップとその出身であるオルレアン家を支持するオルレアニストたちがいて、やっぱりナポレオンとその子孫がいいんだというボナパルティストがいて、それぞれ対立していました。

杉田　日本の右派対左派のような単純な分け方には当てはまらないわけ。共和制になる前を保守とするのか、共和制になった後を保守とするのかというところで、全然違いますが、両方あり得ますし、存在しています。

千葉　日本よりも複雑かな。

杉田　これを踏まえると、保守というものの見方も大きく変わってくるわけです。さらに宗教的な要素もあって、カトリック信仰を守るか否かで左右が分かれることもあります。

千葉　宗教で左右が分かれるんだ！

倉山　フランス革命はアンチカトリックで始まっている部分がありましたが、依然として七割がカトリックです。宗教の面ではフランス人の多くは「保守」と言っていいと思います。日本の左右の対立は、宗教的な意味合いがほとんどありません。その辺、日本人の感覚やイメージに基づく分け方は、フランスには絶対に当てはまりません。

移民への対応〜在日それ自体が特権

千葉　日本のような単純な図式に当てはまらないのはわかりました。移民や外国人に対して批判的だと左翼・パヨク・リベラルからヘイトだ！　差別だ！　という言い方で攻撃されてるけど、これはフランスでも同じですか？

杉田　ル・ペンみたいな人たちはレイシストと呼ばれることが多いです。でも、外国人だから、イスラムだからフランスに来るなとか、フランスから出ていけとは言ってません。

倉山　え、そうなの？

杉田　正確に伝わってないなと思います。国民戦線のナンバー2であるブルーノ・ゴルニッシュさんからお話を伺ったのですが、ゴルニッシュさんによれば、国民戦線は別に外国人がフランス国籍を取り、フランス人になることを全く否定しない。けれども、フランス人になるということは、その国の法律を尊重して、その国に忠誠心を誓って、その国に愛国心を持って、前の国を捨てる覚悟がないんだったらダメだよって言っているだけの話なんです。

千葉　んん⁇　どっかで聞いたような……。

杉田　トランプさんが大統領就任前に過激な反移民的政策を取ると報じられたことがありましたが、あれだって入国や滞在のための審査をしっかり行って、不法移民を取り締まるというだけの話でしたよね。

倉山　日本で言うと、前田日明《あきら》さんみたいなのが理想というわけですね。

千葉　前田日明さんって、プロレスラーの？

倉山　そう！　在日韓国人三世で、大阪出身のプロレスラーです。三島由紀夫とかに感化されて日本大好き右翼みたいになって、一九八四年に帰化しました。二〇一〇年の参院選に民主党から出馬する予定だったんですが、外国人参政権導入に奔走する党と小沢一郎の方針に反対したので取りやめちゃった。

千葉　やめちゃったんだ！

倉山　前田さんからしたら屈辱でしょう。外国人参政権なんて認められたら、自分みたいに愛国心を持って日本に帰化した人々への差別になると言っていました。それで、民主党と喧嘩別《けんかわか》れしたんです。

杉田　日本はその点、海外から見ると余計にわかりにくいですよね。制度として、帰化しなくても日本名を名乗れて、日本人と同じ生活ができますよっていうようなものは、朝鮮半島の国以外の外国人にはないわけです。

倉山　そら、そうだ。

杉田　普通は、働きにきただけなら一定期間後に帰るか、もしくは、ちゃんと帰化して、その国の人になって、永住権を手に入れてその国の国民として生活をするかのどちらかしかありません。ところが、日本には「在日」という曖昧《あいまい》なものが存在します。これが海外では理解できない部分なんです。

千葉　日本人にも理解できていない気がします。

杉田　だと思う。よく政治家が在日の人から献金貰《もら》ったりするときに、日本人かどうかわかりませんでしたとかいうじゃないですか。外国人には意味不明ですよね。日本語を話して、日本名を名乗っているのに国籍が日本じゃない。にもかかわらず、無期限に住むことができて、国民と同じような権利を彼らは持っている。そして、その権利は子や孫へ引き継がれる。

千葉　それは説明できないよね。ちなみに、外国人から政治献金を貰うのは法律違反じゃないの？

倉山　法律違反です。だから、こういう話になる。

杉田　アメリカだったら、帰化した人たちは、チャイナ系アメリカ人とか、日系アメリカ人とか、コリア系アメリカ人とか、インド系アメリカ人とかの出身国別の、なんとなくの区別はあるけど、みんなアメリカの市民権を持ってるでしょ。オーストラリアなら、インドネシア系オーストラリア人というように。でも、日本でそれを言うと、差別だというわけでしょ。

倉山　在日というのは、言ってしまえば特権階級です。

杉田　っていうことを書くと、差別だって抗議をするのが左翼。

千葉　経験者は語る（苦笑）。

倉山　はい。私が言いました。抗議は倉山まで！

二人　こら、こら！

倉山　真面目な話に戻すと、最初は第三国人って言っていました。敗戦処理の過程で戦勝国の国民と敗戦国の日本人がいて、戦中は日本国籍だったのが戦後どちらにも属さなくなった朝鮮人や台湾人を第三国人と呼ぶようになりました。台湾人の人々は大人しく帰りましたが、朝鮮の人たちは帰らないで住み着いた人もかなりいて、今に至っているわけです。

千葉　でも普通なら、生まれ故郷に帰った方が幸せだと思いますけど？

倉山　日本でいい思いをしたにせよ、苦労しかなかったにせよ、帰国しても差別されてしまうという事情がありました。故郷なのに差別がひどすぎて、帰れない、帰りたくないとなってしまったんです。

朝鮮人の複雑な戦後

杉田　それと、朝鮮戦争があったので帰れなかったという面もありますね。

倉山　そう。われわれは何も、在日の人たち、すべてが悪いとは言っていない。

千葉　それは当然。いい人もいれば悪い人もいるし、いい面もあれば悪い面もある。

杉田　私たち、左翼と戦っているけど、あの人たちがゼロ点だと言ったことはない。悪いところを悪いと言っているだけ。

千葉　そう。全人格を否定しているわけではないよね。

倉山　私だって、さっき自分一人の責任で「特権階級」って言ったけど、歴史の事実としてその評価を否定できますかって、話。

千葉　くらら先生、いつも過激な人と誤解されるよね（笑）。

杉田　こんないい人なのに（笑）。

倉山　ありがとうございます（照れ）。

千葉　話がそれたところで、ジャーナリスト・水脈センパイの突撃リポートがあるそうですよ！

杉田　麗ちゃん、司会うまい！　先日、徴用工の取材で、京都市の丹波マンガン記念館という所に行きました。そこで「朝鮮人と部落」というDVDを五千円で買ったんですけど、かなり貴重な証言のてんこ盛りでした。例えば、朝鮮戦争のときに、ある人の韓国の故郷の村は北朝鮮軍に焼き討ちにあって親戚《しんせき》が全部死んだけど、自分は日本にいたから命が助かりましたという話。日本にいて良かった、強制連行で来たんじゃなくて募集で来たとか、子供のころに日本へやって来て、日本で小学校に通えたといった証言が複数収録されています。

倉山　つまり、彼らは自発的に日本に来たと。強制連行と言っても、本当に終戦末期に日本人にもやったことをやっただけで、別に、あの人たちだけ狙《ねら》ってやったわけじゃない。同化政策・皇民化政策だろうと難癖を付けることもできますが、じゃあ隔離政策・差別政策をするべきだったんですか？　という話ですよね。

杉田　強制連行ではなく、徴用ですね。国民みんな平等に戦争に参加しましょうという点で、女子挺身隊《ていしんたい》とか学徒動員と全く同じ構造に過ぎないですね。

千葉　むしろ、しっかり日本人として扱われたんですね。

倉山　それが差別だという人もいたり。

杉田　どっちやねん！（苦笑）

千葉　日本人と区別したから差別、日本人と区別しないから差別。ホント、どっちやねん！（苦笑）　あの時代、日本人みんな大変だったもんね。朝鮮人の人も含めて。

杉田　証言者の中にはそれを言う人もいたのよ。「日本人だって食うや食わずの生活だったのだから。われわれだけがひもじい思いをしたのではない」と。

倉山　そう。誰も戦争なんか、したくなかった。一九四三年に文部省が作った『学徒出陣』というモノクロフィルムの映画があるんですが、あれを外国人が見ると、反戦映画じゃないか！　ってビックリするんですよ。

千葉　どうして？

杉田　よく、戦時中の軍国主義の象徴って言われるような映像なのにね。

倉山　そもそも一九四三年まで、大学生はエリートだからという理由で徴兵が猶予されていて、ほとんどの学生は自ら志願することもなくて、戦場に行っていないからなんです。アメリカなんて、パールハーバーの翌日に学生が殺到したから動員をかける必要がありませんでした。

千葉　ウチの息子だったら、どうだろう……。

杉田　戦争であれ、なんであれ、息子が死ぬのは堪えられない。母親として当然の感情ですよね。でも、日本と戦ったアメリカの方は、大学生が率先して自分から軍隊に志願した。

千葉　よっぽどアメリカの方が軍国主義じゃない！

倉山　そうなんですよね。

杉田　戦争はよくない。でも、そんな当たり前なことだけを言っていても歴史は見えないし、世の中のこともわからない。

千葉　日本人って、本当に戦争が嫌いなんですね。

倉山　コリアとの歴史問題、強制連行や戦時徴用といわれるものなんて、実は男女、学生、朝鮮人、台湾人を皆平等に日本人として同じことをやっただけですからね。一九九五年に公開された木村拓哉が出演している映画『君を忘れない』で、キムタクがロン毛のまま演じている特攻隊の映画があります。劇中、朝鮮人の兵士が、俺らを特攻隊に行かせないのは差別だ、行かせてくれと泣きながら特攻隊に志願するシーンがありますが、当時の雰囲気を表せていますね。その辺りの関係について、『嘘だらけの日韓近現代史』（扶桑社新書、二〇一三年）でも取り上げています。

千葉　複雑だよね。言葉が無い。

倉山　ここで、千葉さんに三つほどクイズです！

千葉　はいっ！

倉山　まず一問目、朝鮮戦争（一九五〇年～五五年）中に、北九州では空襲警報が鳴ったことがある、ない、どちらでしょう?

千葉　う～ん、どっちだろう……。

倉山　一九五〇年六月末に北朝鮮が韓国へ攻めてきて、九月には釜山《プサン》以外全部取られました。その二カ月後の十一月末、今度はアメリカ軍が押し返して、平壌《ピョンヤン》より北ま

[朝鮮戦争の概略図]

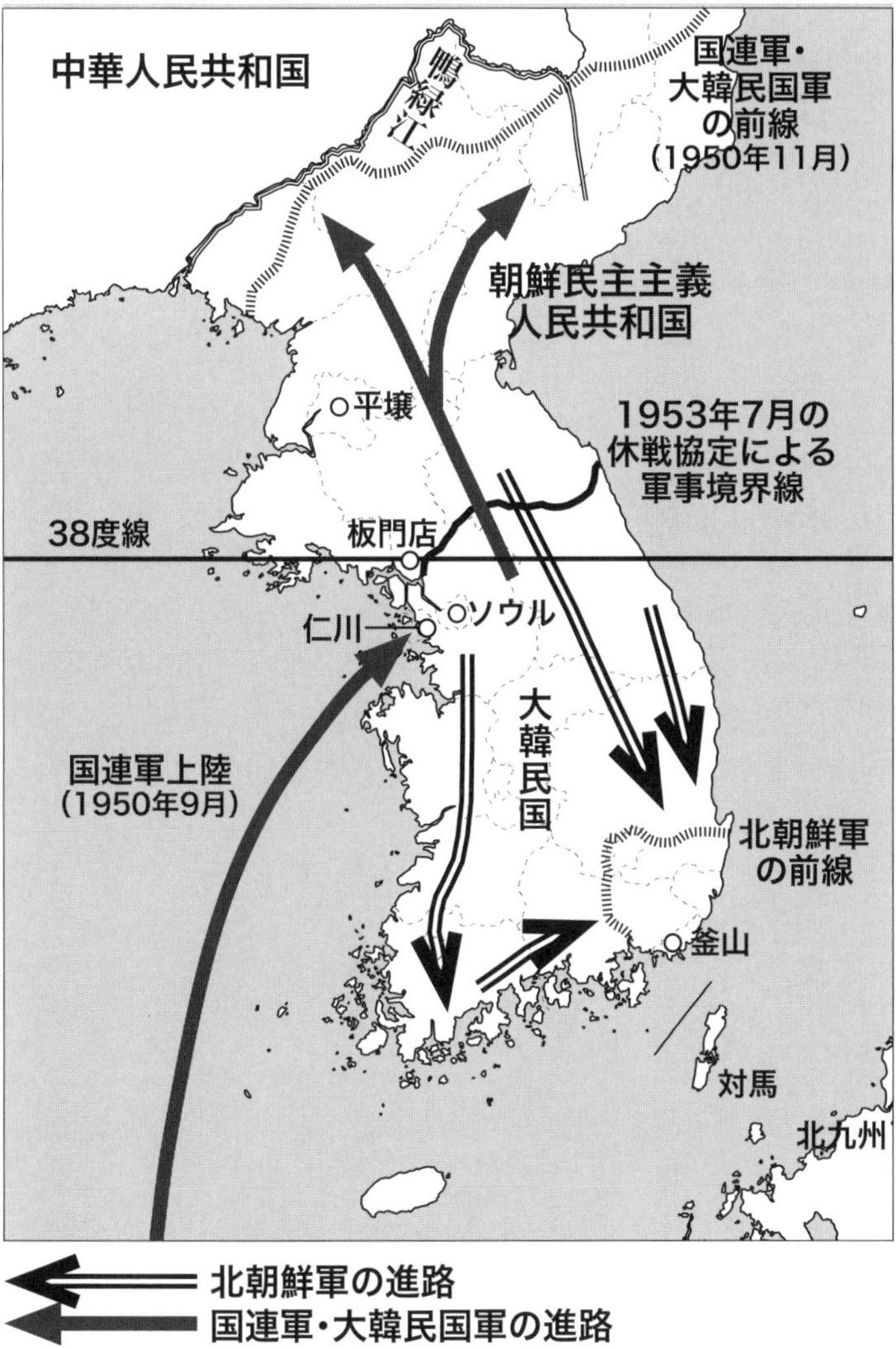
中華人民共和国
鴨緑江
国連軍・
大韓民国軍
の前線
(1950年11月)
朝鮮民主主義
人民共和国
平壌
1953年7月の
休戦協定による
軍事境界線
38度線
板門店
ソウル
仁川
大韓民国
国連軍上陸
(1950年9月)
北朝鮮軍
の前線
釜山
対馬
北九州
北朝鮮軍の進路
国連軍・大韓民国軍の進路

で攻め込みましたが、中国軍が投入されて押し返されてしまい、翌年四月には元の三十八度線付近で膠着《こうちゃく》します。

千葉 地図で見ると、日本の目と鼻の先だよね。

杉田 対馬《つしま》から釜山は見えるし。

倉山 そのとき、日本は警察予備隊というのをつくりました。

杉田 今の自衛隊の前身ですね。

倉山 そう！ どうして警察予備隊をつくったかというと、日本の軍隊を解体したのはいいけど、朝鮮戦争下で日本の防衛から治安維持まですべてアメリカが面倒を見るのが不可能だとわかったからなのです。北九州は、北朝鮮や中国がいつ空爆をしかけてくるかわからないという緊張感があったので、終戦から五年たっても空襲警報が発令されたんです。

千葉 じゃあ、正解は空襲警報が鳴ったことがある、ですね。ちなみに、それって、今も？

倉山 今は空襲警報じゃなくて、Ｊアラートという全国瞬時警報システムになりました。ミサイルが国内に着弾したり、領空を横切ったときに、自動で自治体の防災無線とメール送信で知らせるようになっています。もちろん、北九州だけでなく日本国内全部が対象です。

千葉　それなら、この間、ネットで知りました！

倉山　では、続けて第二問。朝鮮戦争のとき、日本の国内では、日教組や朝鮮総連が暴れまわっていて、襲撃事件が頻発していた、いなかった、どちらでしょう？

千葉　起きていても不思議ではないですね。頻発していた！

杉田　麗ちゃん、正解！　確か、敗戦直後に朝鮮進駐軍が暴れまわった話もありますね。あれと同じようなことを、朝鮮戦争のときもしていたということですね。

倉山　はい。歴史的に確定している事実です。朝鮮戦争のときの暴れっぷりなんか、有名な裁判判例にいろいろと残っています。たとえば、**高田事件**です。

千葉　どんな事件なんですか？

倉山　高田事件というのは、一九五二年に名古屋市内の愛知県の民団の元団長が自宅で北朝鮮系の在日朝鮮人に襲われた事件です。家から逃げて、近くの高田派出所に助けを求めたら、派出所まで襲われてしまいました。

千葉　民団って在日本大韓民国民団のことで、在日韓国人ですよね。北朝鮮系が在日

■高田事件（最高裁昭和47年12月20日大法廷判決）

高田事件は、昭和二十七年に名古屋市内で起きた複数の事件の総称。二十八人の被告人のうち、二十五人は昭和二十八年六月まで、三名は昭和二十九年三月まで審理が行われたが、別件の大須事件の審理が終わってから審理をしてほしいという弁護人の要望を受けて中断、大須事件の結審までの十五年間審理が止まったままとなった。

憲法判例としては、迅速な裁判を受ける権利の問題として教材となっている事件である。

第一審（名古屋地裁）は刑事訴訟法の公訴時効により免訴として、被告人らの救済をしたが、第二審（名古屋高裁）は訴訟遅延は免訴の事由でないとして一審判決を破棄した。最高裁は第一審判決を支持して免訴とした。

この事件そのものは、朝鮮戦争中、日本国内で多発した北朝鮮系と韓国系の在日朝鮮人どうしの抗争事件である。

最高裁判決に至る事件（狭義の高田事件）は、昭和二十七年六月二十六日早朝、愛知県大韓民国居留民団の元団長宅に、北朝鮮系の朝鮮人約三十人が襲撃したというもの。まず、元団長宅の一部を損壊、派出所に逃げた元団長を追って、派出所にも乱入し、火炎瓶を投げ込み、電話線を引きちぎるなどした。さらに逃げた無関係の日本人の家にもなだれ込んで元団長を袋叩きにした。元団長は、これより前にも複数回襲撃を受け、脅迫文がまかれたりしていたため団長を退いていた。

朝鮮戦争勃発は昭和二十五（一九五〇）年であるが、事件当日は朝鮮戦争勃発の二周年記念日だったことから、その日を前後して全国各地で日本人も巻き込んだ抗争が繰り返されていた。この事件で逮捕された被告人らは、狭義の高田事件と

・大杉事件　名古屋市内の派出所を火炎瓶で襲撃しようと集まった（未遂）

・民団事件　在日大韓民国居留民団愛知県本部を石と火炎瓶で襲撃

・米軍宿舎事件　名古屋市内の米軍宿舎を襲撃するため火炎瓶をもって集まった（未遂）

・PX事件　名古屋市内のPX構内にある駐留軍関係者用の駐車場で車両を壊した

この四件を合わせた罪で逮捕・起訴されていたが、それとは別に、被告人らの一部の者が大須事件にも関わっていた。

昭和二十七年は日米安保条約が発効した年でもあり、日本国内では革新勢力が先鋭化、日本共産党も武装闘争を打ち出したため治安当局との緊張が高まって、公安事件が多発した年でもある。高田事件の審理を止めた大須事件は、この年に起きた三大騒乱事件の一つである（外二つは、メーデー事件、吹田事件）。

本朝鮮人総聯合会、略して朝鮮総連。

杉田　さすが、専門家。

千葉　何の？（笑）

杉田　パヨクスレイヤー。

倉山　あはは。高田事件がどうして憲法問題として有名なのかというと、高田事件の犯人たちが別件でも逮捕、起訴されていて、別件が終わるまで待ってというのをやったら、十五年かかってしまったんです。それで、「迅速に裁判を受ける権利を侵害された」という話になって。十五年も時間が空いたら記憶も薄れるし、公正な裁判なんてできないだろうという主張ですね。だったら、最初から事件なんて起こさなければいいのに、というツッコミを入れたくなりますが。

千葉　じゃあ、民族問題とか、外国人の権利がとかいうことで憲法の問題になったわけじゃないんだ。だけど、逃げた先の派出所って小さいとはいえど警察署でしょう？

倉山　高田事件以外でも、この手の事件はいっぱいあって、警察署がターゲットになってることが多いんですよ。北九州と並んで朝鮮戦争の前線である山口県は朝鮮人が多くて、日教組と総連が一緒になって襲っています。

杉田　私の地元の神戸でも、生田警察署襲撃事件とか一九五〇年の長田区役所襲撃事件などがありました。そういう朝鮮人の起こした不祥事って山のようにあるんですよね。時間がたって風化しつつあるんだとも思いますが、こういうことがあったことをもっと知ってほしいと思っています。

倉山　一九五二年だけでも高田事件以外に、血のメーデー事件（東京）、吹田《すいた》事件（大阪）、大須《おおす》事件（名古屋）があって、三大騒乱事件と言われています。当時は、国内全体で同じような事件が起きていたんですよね。必ずしも朝鮮人だけでやったんじゃなくて、日本人の左翼の協力者がいる。これは強調しておきましょう。

千葉　怖いね。左翼。さっきの、フランスは左翼も愛国者って話と真逆だ。

杉田　実は、生田警察署襲撃事件は、一九四五年、四六年の二回もあって、この事件で初めて米軍が出動しました。日本の地方警察では手に負えなくて、すべて連合国軍が鎮圧することになりました。

千葉　すごい騒ぎになったんだ。

杉田　そこまでやってられるか！　ということで、一九四五年に警察予備隊ができたんですよね。

倉山　続いて、第三問です。韓国は臨時政府を日本国内につくろうとした、○か×か？

千葉　う〜ん……そんなの嫌だから×！

倉山　残念！　正解は○なんです。当時、韓国は対馬の目の前の釜山以外、北朝鮮の勢力下になってしまいました。それで、当時の韓国大統領の李承晩《イ・スンマン》が日本の一部の土地をよこせ、そこに政府をつくらせろと言ってきたことがあるんです。

千葉　本当に？

倉山　当然、日本は断りましたけど。もし、許していたら、山口や北九州が韓国になっていた可能性がありました。竹島だって返さない連中ですから、絶対に取られたままだったと思います。

千葉　つくろうとしたけど、断られてできなかったのね。それなら、よかった！

杉田　李承晩はアメリカの支援を受けて、戦前から上海《シャンハイ》臨時政府という亡命政府をつくっていましたよね。

倉山　当時の韓国人、誰も相手にしてないんですけどね。日本が敗戦して初めて、アメリカの後ろ盾で韓国に帰ってきたのに、ずっと戦っていたと言いだして。

千葉　さっき話してた、フランスのド・ゴールの真似？

杉田　そうかも。ついでに言うと、アメリカと一緒に日本と戦ったからと言って、韓国は戦勝国だって主張しています。韓国は敗戦まで日本だったから、戦勝国も何もないですけどね。

倉山　李承晩は特殊な人で、第一次大戦のウッドロウ・ウィルソン大統領と個人的人間関係があり、手先として活動していました。フランクリン・ルーズベルト大統領は、ウィルソンと同じ民主党でウルトラ反日です。その李承晩は日本を蹴散《けち》らして、あとで韓国の大統領にするために送り込まれた人物です。

千葉　うわ、いろんな人名が出てきて、混乱しそう。

倉山　李承晩のことは戦前戦中、韓国での知名度ゼロだったくせに、日本が負けた途端、アメリカを後ろ盾に戻ってきて、大統領になったとだけ理解してください。

千葉　それだったら、わかりやすいです（笑）。

倉山　だけど、その李承晩が大統領になったら、あとがとんでもなかったんです。何をやったかというと、北朝鮮なんか無視して韓国人を殺しまくりました。北朝鮮を追い回しながら、政敵も何の関係のない住民も平気で殺している。これは、韓国の教科書にも書いてあるんですよ。

千葉　嘘!?

杉田　本当です。北の金日成《キム・イルソン》も似たようなものですけど。

倉山　李承晩がメチャクチャ過ぎるので、金日成の北朝鮮が地上の楽園だと信じる奴が出てくる。

杉田　（ぼそっと）朝日新聞……。

倉山　李承晩は、終身大統領になることを目論んだ一九五四年の韓国憲法改正では、二〇三人の国会議員の内三分の二の一三六票が必要というところを一三五しか取れず、一票足りないけど三分の二なら正しくは一三五・三三三……なので四捨五入したら足りてるとか言って強行突破する、ということも平気でしています。四捨五入改憲と言います。これも韓国の教科書に書いています。

千葉　あちゃあ～。

杉田　竹島問題も李承晩ラインが原因ですもんね。竹島を取られたときも、日本の漁師さんがかなり殺されたうえ、拉致《らち》されて、そのバーターとして在日特権が維持されました。

倉山　韓国の愛国者は本当にかわいそうですけどね。日本以上にかわいそうで、複雑で、悲惨なんで。

千葉　韓国の愛国者？

倉山　よくアメリカはCIAを使って、いざとなったらクーデターを起こさせるんじゃないかとか言ってますけど、無理です。というのも、北朝鮮が民主化のどさくさに紛れて軍とCIAから乗っ取ることに成功しています。朴槿恵って、あれでも韓国では極右扱いですからね。

杉田　彼女は一応、保守派でした。

倉山　最後の切り札みたいな扱いの人でした。最後の切り札があれなので、韓国の愛国者は助けようがないぐらい悲惨です。

杉田　彼女は、お父さんの朴正熙時代からの付き合いや、コネに引っ張られていた部分があると思います。一緒に捕まった占い師の女の人も、お父さん時代からの付き合いで面倒を見てもらっていたんでしょうね。

倉山　極左の意見を見ていると、朴槿恵は反日をちゃんとやらないから首を飛ばされたというのがよくわかります。

杉田　最初はすごく中国寄りなことをやっていて、最後はアメリカに寝返って日韓合意をやるということが出てきたので、そこに中国が激怒して北朝鮮にまんまと付け込まれて、ここまで貶《おとし》められていたということでしょうね。

倉山　朴槿恵は他の有力者が軒並み親北朝鮮ですから、自分が親中になって活路を見いだそうとしたみたいです。中国か、北朝鮮か、という究極の選択で、北朝鮮はイヤだから中国の手先にしてくださいというのが朴槿恵だったわけです。

千葉　中国か、北朝鮮。究極の選択だ。

倉山　地獄か、破滅か。

千葉　くらら先生、表現が……。

杉田　でも、それが現実で。

倉山　今、それすら許されなくなって、どうするのか。慰安婦像を竹島や釜山に建てるだのと言っています。慰安婦像って、ただの銅像の問題であることにとどまらず、銃口が向いているのと同じ意味です。日本も韓国もそこのところが理解できていないと思います。

杉田　私が慰安婦問題を訴えているのも、そういうことです。

千葉　そうか！　北が韓国を使って、日本に銃口を向けさせているのか。自分ではなく、韓国が日本といがみ合う。

杉田　だからと言って、可哀相な韓国にやられっぱなしでいるわけにはいかない。

倉山　韓国が北の言いなりになるのは彼らの責任であって、日本が韓国に慰安婦問題みたいなインチキで殴られ続けるわけにはいかない。

千葉　日本の立場を主張するのは当然。韓国の言われなき中傷に黙っていないで、言い返すのも当然。でも、日本と韓国の二国だけで見るんじゃなくて、もっと広い視野で見よう、ってことだよね。

杉田　大正解！

倉山　先に言われたぁ。

フランスの反日メディアと歴史戦

杉田　反日といえばフランスのフリーペーパーもその一つです。

倉山　それは五月十八日配信のチャンネルくららの番組で紹介していたものですね。

杉田　はい。「ズームジャポン」というフリーペーパーです。フランスに行ったときに手に入れた二月号なのですが、表紙は「Hokkaidô Sur les traces de Ken-san」って書いてあって、北海道が舞台の高倉健さん主演の映画『鉄道員《ぽっぽや》』の特集号みたいですね。

倉山　ほうほう。

杉田　ところが、こういう『鉄道員《ぽっぽや》』の話なんかは、後ろの方にちらっと載っているだけなんです。この号だと、表紙の裏に「今回の号はちょっとデンジャラスですよ」という注意書きが書いてあり、沖縄の基地反対運動と日本会議の記事になっていると。

千葉　ほんとだ、すごいですね……。

杉田　沖縄の基地問題の記事ですが、「全国から集まって」とあるでしょう？　こんな記事だと、日本の人たちがみんな沖縄の基地に反対していますと読める。オスプレイの写真も

フランスのフリーペーパー「ズームジャポン」の表紙

ある。そして、沖縄特集の次は日本会議特集です。

倉山　日本会議のことは何と書いているんですか?

杉田　日本会議はとんでもない団体ですよということが書かれています、一万人憲法集会を開催したこと、それについて上智大学中野晃一教授のインタビューが載っています。その中野氏が書いてるところだと、日本会議って男尊女卑を平気でする危険な団体だけど、稲田朋美とかを閣僚に入れて目くらましししている。日本会議はサザエさんみたいな旧時代の家庭を推奨してますよ、みたいなことが書いてあります。

倉山　はい!?

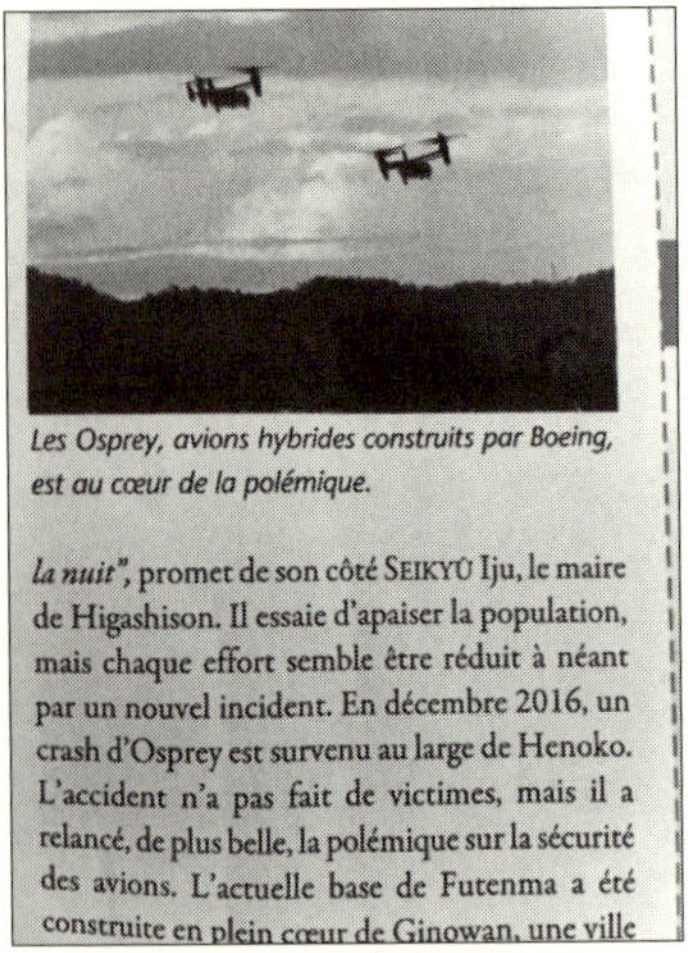

Les Osprey, avions hybrides construits par Boeing, est au cœur de la polémique.

la nuit", promet de son côté SEIKYŪ Iju, le maire de Higashison. Il essaie d'apaiser la population, mais chaque effort semble être réduit à néant par un nouvel incident. En décembre 2016, un crash d'Osprey est survenu au large de Henoko. L'accident n'a pas fait de victimes, mais il a relancé, de plus belle, la polémique sur la sécurité des avions. L'actuelle base de Futenma a été construite en plein cœur de Ginowan, une ville

Inada Tomomi, actuelle ministre de la Défense, est un des principaux soutiens de la Nippon Kaigi.

Un référendum est donc nécessaire pour réviser la Constitution. La Nippon Kaigi affirme qu'elle incarne les valeurs traditionnelles des citoyens, mais j'ai l'impression qu'il n'y a pas autant de personnes qui partagent actuellement ces valeurs conservatrices, en particulier chez les plus jeunes.

N. K. : On peut aussi ajouter qu'ils ne manifestent pas beaucoup d'intérêt pour la politique. Depuis l'année dernière, l'âge du vote a été abaissé à 18 ans contre 20 ans précédemment, mais leur taux de participation aux élections a été très faible. Après tout, ils ont été découragés à s'intéresser et à participer à la politique. Il est pratiquement interdit d'aborder les sujets politiques à l'école. On apprend aux enfants à être des sujets apolitiques et obéissants. Ainsi l'idée selon laquelle, à l'âge de 18 ans, vous devenez tout d'un coup un être intéressé par la politique est totalement absurde.

La Nippon Kaigi et de façon générale, la vieille garde politique sont souvent accusées de sexisme. Qu'en pensez-vous ?

N. K. : C'est tout à fait vrai. Il y a une idée que les femmes sont des citoyens de deuxième classe et que leur rôle dans la famille et dans la société doit être subordonné à celui de l'homme. En d'autres termes, le modèle patriarcal du système impérial est la référence à laquelle il faut se tenir et dont il ne faut pas dévier. L'idée d'une femme pouvant choisir librement va à l'encontre de

une femme. Il s'agit d'INADA Tomomi, l'actuelle ministre de la Défense, qui a été présidente du Conseil de recherche politique du Parti libéral-démocrate. On évoque souvent son nom pour succéder à ABE Shinzō à la tête du parti.

N. K. : Elle est un peu comme Margaret Thatcher. Elle devait devenir la seule femme "qui en a" au sein du gouvernement. Pour réussir au sein du Parti libéral-démocrate, elle devait s'adapter et intérioriser le comportement masculin. De son côté, ABE Shinzō ne voulait pas être accusé d'être misogyne ou de faire du sexisme. C'est pour cela qu'il montre son engagement à promouvoir les droits des femmes. Pourtant, le groupe de conseillers constitués de 100 personnes pour améliorer les conditions des femmes au Japon ne comporte aucune représentante de la gente féminine. Ça ressemble à une farce. Ça pourrait être risible s'il ne s'agissait pas d'un sujet sérieux. C'est seulement le jour où la représentation féminine au sein du Parlement atteindra 30 à 40 % que les femmes pourront être elles-mêmes sans avoir à copier le comportement des hommes.

Au début des années 1980, il y a eu de nombreux affrontements entre conservateurs et progressistes sur la question des manuels d'histoire. Où en sommes-nous aujourd'hui ?

N. K. : Le conflit est toujours en cours, mais il semble que les

沖縄特集と日本会議特集で取り上げられているオスプレイと稲田朋美

杉田　さらに「アベ政治は許さない！」で、これは森友問題に出てきた菅野完《すがのたもつ》のことが書いてありますね。どんどん日本は右傾化してますよというようなことが書いてある。

倉山　菅野完、千葉さんに変な手紙送って来た人だ。

千葉　そこはスルーで（苦笑）。

倉山　はい。汚いものは見ないようにしましょう（笑）。

千葉　それはいいとして、でも、ちょっと待って。これどこで手に入るやつなの？フランスの街中に置いてあるの？　スーパーとかに？

杉田　そう、これがフランスで発行されているの。フランス語、英語、イタリア語、スペイン語に翻訳されて、それでヨーロッパ中に撒かれているの。ジャパン・エキスポなどのイベント会場にも置かれているし、パリの日本大使館にも置いてあるそうです。ちなみに、四月号も、最初のページを開けると「クローズオールベース」とかって書いてあって、“KADENA Prefecture d'OKINAWA”とある。

倉山　あきれるばかりの労力。

杉田　フリーペーパーだから、向こうの一般的なお店に置かれていて、運営は広告収入で成り立ってるんですが、一番大きな広告主がNHKワールド。

倉山 国民から巻き上げたお金が反日に使われている（苦笑）。

杉田 日本の窓口になっている、さえら株式会社という会社の電話番号が載っていました。市外局番を見るとなんと京都。それで、ちょっと行ってみようかなと思って、一人で行ってきました。

千葉 すごいな〜。さすが突撃ジャーナリスト！（笑）

杉田 インターネットで調べたら住所もわかったので。「ちょっと海外のフリーペーパーのことに興味があっていろいろお聞きしたくて」と言って。あちらの方の名刺はいただきましたが、「私、名刺とかあるような身分ではないので」とごまかして。

千葉 杉田水脈だってバレませんでしたか？（笑）

杉田 大丈夫でしたよ。

千葉 それで、どんなことを聞いたの？

杉田 どういうところがお金とか広告とか出してくれるんですかって訊《たず》ねたら、かなり丁寧に答えてくださいました。資料やバックナンバーもたくさん貰いましたし、インターネット上で資料を見られますよ、説明もちゃんとありますというお話をしていただいて。フランス国内に八五〇カ所の配布拠点があって、通常七万部、最大十五万部を発行していて、さっきも話したけど、四カ国語に翻訳されてますと。

倉山　十五万部⁉　すごいな、どっからそんなお金が出るんでしょうね？

杉田　すべて広告料です。そうそう、紙面広告の値段表もいただいてきました。前述のとおり、一番大きな広告主がNHKワールドで裏表紙はすべてNHKです。記事は、すべてフランス人のクロード・ルブランさんっていう編集長が書いているそうです。クロードさん、日本語がお上手で、日本で講演会もされているそうです。

千葉　この人、何者なの？（笑）

杉田　正体はよくわからないけど、よく朝日新聞、毎日新聞とかにも記事が掲載されるそうです。

倉山　へぇ〜、四国新聞も寄稿してるんですね。ウチの実家が香川なもので。

杉田　四国で講演したこともあるようで、香川県のこともかなり書いてますよ。いただいてきた資料にリストがあるのですが、資金源はNHKワールドだけじゃなくて、自治体もお金を出しているのがわかります。

倉山　このリストを見ると、自治体以外にも石巻の石ノ森萬画館やウルトラマン生誕記念、水木しげる記念館もありますね。文化事業も行って、普通の人に受けるような紙面づくりをしつつ、毒を混ぜているんですね。ちなみにジュウレンジャーはない（笑）。

杉田　ジュウレンジャーの原作は石ノ森章太郎さんじゃなくて、八手三郎です（キリッ）。

千葉　さすが、専門家！（笑）

倉山　でも、ウルトラマンやなんかが載ってたら、警戒心を持たないですよね。まさか反日とは思わない。

杉田　だからこそ、危ないんです。お会いしたとき、この人が過激派や左翼という感じもしなかった。もちろん共産党員の感じもしなくて、ごく普通の編集者という印象でした。ただ、事務所には入れてもらえませんでした。

倉山　どんな事務所だったんですか？

杉田　普通のマンションの一室だったんですけどね。でも、近所の喫茶店でお話ししましょうと言われて、お話を伺ってきたのですが、あとで私の事務所のスタッフにめっちゃ怒られました。杉田さん、絶対一人で行くのはやめてくださいって、あのまま監禁されたらどうするんですか！　と心配されて。私は考えすぎだと思っていますけど、彼はすごく私の身が危ない危ないって言うんですよ。

倉山　そりゃ、考えますよ。

千葉　だって、地元の関西だし。

杉田　言うほど目立ってないですよ。私が関西を歩いてても、別に気にする人なんていないもの。

千葉　だけど、こういう所に行くのはやっぱり危ないいんじゃないの？

杉田　まあね。でも、今回のはバレてないはずです。

倉山　いろいろな特集を組んでいますけど、許可を取っているんですかね。

杉田　そこは問題ないと思います。ペーパーカンパニーということではなく、しっかりと取材もしているようでした。政府観光局もかなり広告を載せているんですよ。その資金はどこから出ているかと言うと、その大本は日本政府なんですね。しかも、別のページには原発のことが書いてあって、回り回って国民のお金が反日に使われていると。

千葉　ホントだ。

倉山　ドサクサに紛れて左なことが書かれているわけですね。

杉田　パリには、「ズームジャポン」のほかに「オブニ」という名前の日本人向けフリーペーパーがあるのです。詳しく言うと「オブニ：パリの新聞」という日本語で書かれた情報紙なんです。一九七四年から、もう三十年以上も刊行され続けているものなんです。

倉山　それはフランス人向けというより、在仏日本人向けの情報紙ということですね。

杉田　そうなりますね。「オブニ」は現在、かなり薄い新聞ですが、以前は「オブニ」の後ろにフランス語で情報を書いているページがあったらしいんですよ。その部分だけを独立させて二〇一〇年から「ズームジャポン」が創刊したのです。だから、この「オブニ」が構築してきたルートで広告料が貰えたりとか、応援してもらえたりというのがあるらしい。「オブニ」というのは、フランス在住の日本人が子供の小児科はどこがいいんだろう？　とか、日本語が通じる美容院はないかな？　という現地の情報や、帰国することになって、いらないものが出たので誰かいりませんか、物々交換しましょうみたいな、現地の人のための情報が書いてある情報紙なんですね。

千葉　こういう情報って、現地では助かりますよね。

杉田　私が一緒に行った鈴木邦子さんは、二十年前に渡仏したとき読んでいたけど、これが左だとは知らなかったって言っていました。ただ、産経新聞のパリ支局にいた山口昌子さんは「『オブニ』は左よ」と断言されましたね。全共闘時代の人が、そのまんまの頭でフランスに行って、それで始めた新聞なので、最初から左寄りなのだとおっしゃってました。この素地があって、この「ズームジャポン」があるわけですね。

倉山　普通に生きていて、左になった人たちがいるわけですよ。

杉田　私たちの一世代前、フランスに渡った女性の中には、日本が嫌いで出ていった人が多いんです。どれだけ頑張っても、どうせ日本は男社会で女は認めてくれない、活躍の場はないとか、フランスの方が自由で私の力も発揮できるわ！　っていう人たちですね。彼らは日本が大嫌いなんですよ。その人たちに、いくら日本はいい国ですよ、日本にはこんないいものもありますよと言ったところで通用しないじゃないですか。そういう人たちが、慰安婦問題とか反日言論を見て、日本ならそんなのやったに違いないと思うわけですよ。

倉山　じゃあ、トンカツとか、銭湯とか、思いっきり日本へのノスタルジーを煽《あお》りますか。

千葉　あと、アニメとかゲームとか！

倉山　そのコンプレックスで煽るのはうまいと思います。

杉田　フランスに行ったときに、「オブニ」の編集部がある所も突撃してきました。エスパスジャポンのある所なんです。ここで「オブニ」の現在の編集長である日本女性の方もたまたま建物から出てきて、話を伺うことができました。彼女は「ズームジャポン」について、先ほど出てきたクロードさんが一人でつくっていることを教えてくれてました。でも、いつも世界中を飛び回っているから、なかなかここにも来ませんよという話でしたね。彼女は現在の「オブニ」の編集長であり、創刊者はまた違う方だそうです。この事務所になっているエスパスジャポンはイベントスペースになっていて、日本の文化を発信する日本語教室、文化体験として、折り紙や風呂敷、書道などを教えることもできるスペースになってるんですよ。そこがこの人たちの拠点です。

倉山　「オブニ」を見ると、左翼色を全然出してないですね。思い切り隠し味ですよね。

杉田　たまに、パリで安保反対デモを主催した韓国人の方のインタビューを載せたりしますけどね。この話はあとで詳しく。でも、左翼の機関紙とは全然違いますし、この人たちが左翼だとはあまり思いませんね。

倉山　赤旗だって、最近は藤原紀香や石田純一のように芸能人がたくさん登場しますもんね。さすがに、野中広務や古賀誠のような自民党の歴代幹事長が出たのはビックリしましたけど。

千葉　石田純一さんはパヨってるから、しょうがないんじゃないですか？

杉田　どうでもいいですが、藤原紀香は私の中高の後輩です。

倉山　最近は藤原紀香も結構そういう傾向ありますけど、それに限らず安保法制以降、赤旗に出た芸能人一覧をつくるとすごいですよ。あのころが一番盛り上がってましたよね。今年は一生懸命、共謀罪で盛り上げようとして、全然盛り上がりませんでしたね。

千葉　盛り上がらなかったですね〜。

倉山　今の民進党って面白くて、蓮舫《れんほう》とか野田って、別に安倍さんが潰《つぶ》れるよりも、言いたいことを好き勝手に言える今が一番おいしいんです。本気で安倍さんの首を取りに行って、返り血浴びてもメリットがないから、森友や加計《かけ》学園問題でかき回す八百長が成立してます。

杉田　安倍さんの悪口言って支援者に対して、これだけ頑張りました〜ってアピールしたら、危なくなる前に引き上げちゃう。

倉山　ところが民進党の下の連中って、別に安倍さんの圧力に屈したところでどうせ落選するんで、じゃあ民進党の名前で安倍さん攻撃して、逆上した安倍さんが、無能な上層部の野田さんとかを道連れにしてくれればいいな。あとは野となれ山となれみたいな、そんな感じらしいですよ。

千葉　なんだかなあ。でも、みんな八百長につられちゃうんでしょ。

倉山　演劇の広告掲載をお願いする先に、赤旗も入っているそうですよ。そこそこの人が出ている舞台なら、記事にしてくれることもあるとかで。

千葉　赤旗に舞台とかの情報を持っていくんだ。

倉山　赤旗に載ると、確実に切符がいくらかさばけるという実績があるらしいですよ。

杉田　ちなみに赤旗はパリ支局を持ってるんです。これは赤旗に載っていたパリの記事。

千葉　赤旗のパリ支局？　日本共産党パリ支局ってこと？

倉山　赤旗にはパリ支局がある一方で、産経新聞パリ支局、閉じちゃいました。

千葉　何それ、どうして⁉

杉田　先日、産経新聞の人たちとご飯をご一緒したときに、産経はパリ支局を畳んでしまったんですよね、産経さん頑張ってくれないと〜、赤旗に負けていいんですか？と聞いたら、そう言われても先立つものがって言われてしまいました。資金不足なんですね。

倉山　そもそもフジテレビが凋落《ちょうらく》なんですから、子会社の産経はもっと大変ですもんね。

千葉　赤旗って、そんなに余裕あるんですか？

杉田　以前よりは部数も少なくなってるって聞きますけどね。公務員が無理やり買

しんぶん赤旗　日本共産党

2015年8月31日(月)

戦争法案反対　パリでも集会

日本の行動に呼応

（写真）29日、パリで「戦争法案反対」「アベ政治を許さない」などのプラカードを掲げ、戦争法案に抗議する在仏日本人ら（島崎桂撮影）

【パリ＝島崎桂】フランス・パリのエッフェル塔にほど近いトロカデロ広場で２９日、安倍政権が進める戦争法案の撤回を求める集会が開かれました。３０日に日本全国で取り組まれた「８・３０大行動」に呼応したもので、在仏日本人やフランス人ら約４０人が参加。「戦争する国」づくりに対する在外日本人の不安の強まりを示しました。

集会を呼び掛けたのは、韓国人で徴兵拒否のためフランスに亡命中のイ・イェダさん（２４）。イさんはこれまでも日本で開かれた秘密保護法に関する学習会で講演したほか、最近ではＳＥＡＬＤｓ（シールズ＝自由と民主主義のための学生緊急行動）などと協力し、戦争法案廃案に向けた取り組みを続けています。

パリでの集会でイさんは、「韓国はこれまで、米国との良好な関係を保つためだけに、ベトナムやイラク、アフガニスタンに派兵した。国を守る明確な基準が無いと、いつでも戦争に巻き込まれるという好例だ」と指摘。戦争法案と集団的自衛権の行使に基づく、日本の際限ない戦争参加に懸念を示しました。

参加した日本人は、「（法案撤回に向けて）外国から出来ることもたくさんあるはず」「他の日本人にも、法案の危険性を伝えていきたい」などと発言。通行人や観光客に戦争法案の実態を知らせるビラを配布し、法案撤回を求める署名を呼び掛けました。

参加者は、今後も継続的に戦争法案反対の運動を強めていくことを確認しました。同様の集会は、ベルギーやドイ

韓国人が呼びかけて「アベ政治を許さないデモ」を報じる「しんぶん赤旗」

わされてることを私たちが言いまくって、全国にそれがバレてしまい、地方議会とかでもそれをやめさせる決議をしている所も出てきたじゃないですか。

千葉 水脈センパイ、大活躍ですね！　ところで、この記事、いったい何ですか？

杉田 それも面白い記事でね。パリで韓国人が呼びかけて「アベ政治を許さないデモ」をやったっていう記事です。

千葉 ⁇

杉田 左翼の人たちが反日的な勉強会を開催している例もあります。日本人は政治に関心がなくて、自分のことをノンポリだと思っている人がほとんどなわけ。でも、フランスなんか行くとね、向こうの人は四六時中、政治の話をしてるわけですよ。すると、真面目な在仏日本人は「私も政治のこと勉強しなきゃ」と思いますよね。それで、近くの勉強会に行こうかしら？　と思ったときに開催されているのは反日的な勉強会なんですね。

倉山 フランスで日本の政治のことを勉強して。フランス人とか在仏日本人とその政治の話をするということですか？

杉田 そうです。ちなみにこのイベントを主催しているのが、オーバーシーズという団体です。オーバーシーズはＳＥＡＬＤｓたちとも近しい関係です。

千葉　えっ？　それも韓国人？

杉田　そう、呼び掛け人は韓国人。そのバックは反日日本人の団体。この若い韓国人男性は、自国の兵役が嫌でフランスに亡命した方だそうです。

倉山　実は、日本人の顔をしたコリアンだったというわけですね。

杉田　これは、その反日的な勉強会の一例ですけど、そのパリで開かれた「憲法カフェ」には法政大学の山口二郎先生がわざわざやって来て、九条守りましょう！　みたいな講演をする。受講者は「日本国憲法は素晴らしいんだ！」って思わされてしまう。せっかく勉強する気になったのにもったいない。

倉山　千葉さん、山口さんには会ったことありますか？

千葉　いいえ、会ったことはないですね。

倉山　山口二郎って、東大卒の政治学者で法政大学の先生なんですけど、ものすごい活動家で、二〇一五年の安保法制のときは国会前で「安倍に言いたい！　お前は人間じゃない！　叩《たた》き斬《き》ってやる」と絶叫していた人です。

千葉　わかった！　ツイッターで見たことあるかも！（笑）

倉山　そこでどのような活動をするかが重要とはいえ、産経新聞のパリ支局がないのはハンディですよね。

杉田　本当にそう思います。話は少し戻りますが、「ズームジャポン」をどういう人が読んでるのかという資料もいただいてきました。

倉山　なんというか、さりげなく左ですよね。でも、ここに出ている人、綿矢りさはそうでもないですが、山田洋次なんて共産党の秘密党員と言われてますよ。

千葉　そうなんですね。

倉山　何で秘密党員と言われてるかというと、党員にはああいう大物が本当に党員かどうかは教えてくれないから。

千葉　じゃあ、他の人が知るわけないんだ。

倉山　どう見ても党員としか見えないですが。吉永小百合、アグネス・チャン、黒柳徹子のような面々は、党員か、ただのシンパなのかは、本当にわからないそうです。日本共産党はそれくらい徹底した秘密主義の政党です。作家の某さんが、某出版社から共産党の本を出すときに、渡邉恒雄と堤清二が党員だったことは削除してくれって検閲されたんですって。

杉田　某って（苦笑）。

倉山　嫌いな出版社の名前は挙げないようにしないと。それはそうと、取材対象に検閲してもらう作家ってどーよ？　と絶句しますが、それくらい徹底しています。

千葉　欧米で「ズームジャポン」みたいなことをやられてしまうと、水脈センパイが言うように慰安婦問題やその他で、日本は嘘ついて悪い奴らだという認識のままになっちゃうでしょうね。

杉田　日本が悪いんだという認識を正すのは容易じゃないです。

千葉　そういうことだよね。こういうところから世界の印象が決まってしまう……。

倉山　歴史戦で勝つなんて大変なことですよ。

杉田　大変ですよ、欧米諸国は、植民地時代に本当にひどいことをしてるんですよ。フランスだったら、ベトナムとかアフリカとかで、すごいひどいことをやっています。戦後になって旧植民地人に対して門戸を開いて、自国の植民地だった所からは比較的簡単に移民を受け入れたりしていますね。フランスはそうやって悪いことをしたのを認めて、過去の植民地の人たちにもちゃんとやっているのに。日本は慰安婦の強制連行はなかったなんて自分がやった悪いことを認めないのか？　っていうのが向こうの人の考えです。

倉山　そもそも村山談話があるし、河野談話があるので、それはおかしな話です。

千葉　あんな談話、出さなきゃいいのにって思ったけど、それすら有効利用できてない。

杉田　日本の植民地支配じゃないんですって、あなた方がやったことと違うんですって、台湾も違うし、朝鮮も違うですってところから説明しないといけないんです。でも、そういうことが説明できる日本人がどれだけいるのかっていう話ですよね。

倉山　日本政府だと、外務省が率先して悪いことしましたって謝っていますもんね。お前たちの仕事は何なんだよと思います。私もいろんな所で話していますが、歴史戦で軽く勝てるなんて考えない方がいい。どれくらい簡単ではないかというと、第三次世界大戦で勝つぐらいの話です。

杉田　歴史戦で勝とうと思ったら、もう一回戦争するしかないですね。

倉山　その通り。第二次世界大戦後、ヒトラーはどれだけ叩いても問題がない、世界で一番悪い奴ですよね。その前は誰だったかというと、意外に知られてないですけど、ナポレオンなんです。ナポレオンはヨーロッパを席巻しましたが、ヒトラーが出てきてくれたので一番悪い奴ではなくなりました。第二次世界大戦後、フランスはヨーロッパ侵略の悪評をヒトラーへ全部押し付けることに成功しました。それでもナポレオン戦争が終結した一八一五年から一三〇年かかっています。

千葉　何か、急に大きな話になってきたかも。

杉田　このところと、さっき出てきたフリーペーパーの話、冒頭のリビジョニストの話が全部つながってくるんです。まず……。

「ズームジャポン」で日本会議の特集を組む
←
日本会議というのはリビジョニスト・ネガシオリストの集まりである
←
安倍さんや稲田さんのような極右の人たちに同調する団体である
←
日本の国会議員も地方議員もたくさんメンバーとして名を連ねている
⇐
日本は国ごと歴史修正主義者になろうとしている！

という話の展開ですよね。

千葉　そうなりますね。

杉田　「ゲオ　ヒストリア」っていうフランスの歴史雑誌があるんですが、その日本特集も、過去を書き換えようとしている日本みたいな論調で、日本は拷問とか虐殺とか人体実験とかの戦争犯罪をなかったことにしようとしてると書いています。さらに安倍さんが靖國神社に参拝する写真が載っていました。それって、「ズームジャポン」に使われたのと同じ写真だったんです。安倍さんが靖國に参拝するっていうこと自体が歴史修正主義の証拠だ！　みたいに書いてるんですよ。

倉山　靖國神社まで引き合いに出しますか……。

千葉　靖國神社がどういうものなのかは書いていないの？　安倍さんはともかく、祀《まつ》られている方のご遺族が参拝されるでしょう？　それも、参拝というより、会いに行くというお気持ちなんですよね。政治家が参拝するのと、国民が参拝するのとは違うとか言いそうだけど、でも、特に遺族の方にしたら、今の国を治める政治家が感謝を捧げにきてくれたら嬉《うれ》しいことだし。そういうことを思うと、本当に悲しいですよね。

杉田　ある意味、中国や韓国が難癖つけているのをそのまま利用されている面は否めないですね。その国が、その国のやり方で国のために亡くなった犠牲者を祀っているだけのことで、フランス人だってそういう文句言われたら気分良くないはずなんだけど。

千葉　戦争に負けると当たり前のことさえ言えなくなってしまうんだ……。

倉山　日本って悪い国じゃないって目覚めた人、最初は左翼の言っていることが嘘ばっかりだって目につくんです。

千葉　パヨク、本当にひどいし。

杉田　でも日本って、こんないい国なのに、日本ではそれが通らない。世界でも日本人は好かれているのに、でも、昔の日本は悪いことをしただろ！　って言われてしまう。

千葉　それだけ根が深いってことだね。だから、私たち、お母さんがしっかり勉強して、世の中のことを知らなきゃ、子供を守れない。

倉山　そこは、この本で一貫して訴えたいことですね。

第三章

「あさま山荘」は終わっていない

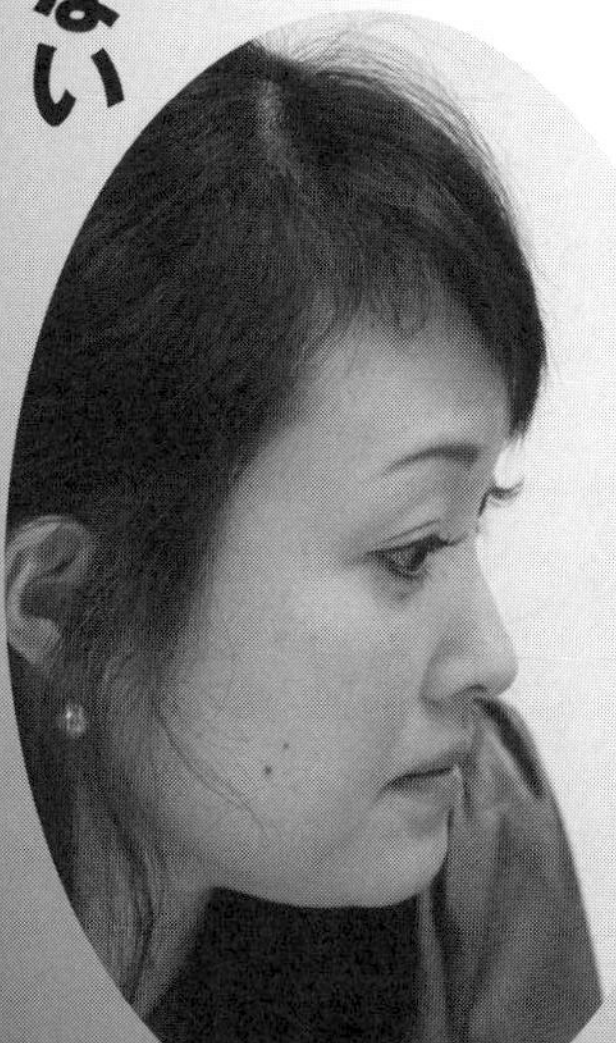

高校卒業後の社会人と労働組合

杉田　高校を卒業したあと、大学へ進学する人がほとんどになりましたけれど、家庭の経済事情や本人の希望で就職する人もいます。

倉山　地方でも国でも、公務員は大卒の人だけがなるわけではなくて、高校卒で入る人もいます。二〇一二年から一般職、総合職というようになったのですが、昔はⅠ種、Ⅱ種、Ⅲ種と種類があって、いわゆるキャリアというのがⅠ種で採用される人たち、Ⅱ種、Ⅲ種で採用される人たちはノンキャリアと呼ばれます。

千葉　どう違うの？

杉田　国家公務員だと各省庁の事務方のトップである事務次官までなるのがⅠ種採用のキャリアの人たち。Ⅱ種は大学卒、Ⅲ種は短大・高校卒の採用枠ね。今の新制度では、総合職、一般職、専門職という分類になっていて、大学院卒、法科大学院卒、四年生大学卒か、高校卒業程度で分かれているの。

千葉　それじゃあ、短大卒の人たちは、高卒で公務員になる人たちと同じ枠ということ？

倉山　そういうことになりますね。

千葉　高校を出て公務員になるのって優秀な人でないとなれないんじゃない？

杉田　私のころは国公立大学に一般入試で合格できる学力がある子でも難しい、狭き門だと言われました。実際に私の同級生で公務員試験に落ちた子たちも軒並み国立大には合格してました。

倉山　公務員って試験受かっても、それだけでは採用になりませんからね。受かったその年の間に欠員が出たときに採用される資格を貰《もら》えるっていうことなので、必ずしも合格＝採用じゃない。

杉田　私がかつて勤務していた西宮市の職員労働組合では、高卒で就職してきた子たちを狙《ねら》っていました。きっと、西宮だけじゃないと思うけど。高卒で入ってくる子はすごく賢いし、真《ま》っ新《さら》だから、入ってきたらすぐ勧誘して、活動家に仕立て上げるということをする。年齢的に感化されやすいですしね。

倉山　とある人、高卒で公務員になったんですが、全国大会の集会に連れていかれたけど気持ちが悪くなって、仮病を使って逃げ帰ったって言ってましたね。確か、杉田さんも学生のころから気持ち悪いって思っていたそうですけど……。

杉田 ええ。学生のときは直接の接点がなかったので、気持ち悪いで済んでいたけど、本当にダメだと思ったのが、西宮市の職員時代ですね。

千葉 その、とある人、何があって気持ちが悪いって思ったのかしら？

倉山 そのイベントが甚だしく時代錯誤で、ついていけないって思ったそうですよ。真っ新でも、感覚的にわかる人もいるってことですよね。

杉田 そうそう。私も大学生のとき、それは感じました。バブルの真っただ中、みんながディスコで踊っている時代に「手を腰に。シュプレヒコール、用意！　エイ、エイ、オー！」ですからね。

千葉 マジですか！（笑）

杉田 マジです。で、就職して、労働組合には専従といって、お給料をもらって公務員の地位をそのままにしてもらって組合の仕事だけする人もいるのを知りました。そこまで行くと、筋金入りね。

千葉 労組ってやっぱり強いんだ？

杉田 労働組合は給与のことを交渉するでしょ？　そうすると自分たちの労働条件と

か給与表とか全部が頭に入ってないとできないわけですよ。労働組合の幹部なんて。優秀じゃないとできないですよ。普通、人事担当者って人事に配属されてから勉強するわけだから、全然太刀打ちできないです。

大学は危険がいっぱい

倉山　次に、大学の危険についてですが、その前に杉田さん千葉さん、今って大学でも学級崩壊してるのってご存じですか？

千葉　そうなの⁉

杉田　知りません。

倉山　幼少期にちゃんと躾《しつけ》を受けてないと、授業をちゃんと聞けない子になってしまいます。しかも、それがそのまま大学生になる。それで大学でも学級崩壊、講義が成立しない事態になります。読み書きを叩き込む前に平和教育なんてやると病気になります。

杉田　公立はそうなのかな〜。

倉山　お二人のお子さんは私立に通っていたんでしたっけ？

杉田　私の娘は小学校から私立です。

千葉　私のところは中学から私立の中高一貫校に行かせました。

倉山　今って、塾に躾を求める親が増えていて、それは論外ですが、公立学校は目も当てられないレベルで崩壊してます。

杉田　塾で躾は言われてますね。昔は、中学受験のための塾は小学校四年生くらいからだったけど、今の子は四年生でも机に座ることができない子供が多すぎて、まずそこから指導しないといけない。なので、どんどん進学塾への入塾時期が低年齢化しています。それから、公務員の子供、公立学校の先生では特にそうだけど、みんな私立に行かせてますよ。

倉山　当然ですよね。ゆとり教育を推進した官僚は、自分の子供を進学校に行かせたんだから推して知るべしです。

千葉　そうなんだ！（笑）

倉山　さて、それを乗り越えて大学に入学しても、そこでひどい目に遭ったら報われません。

杉田　そうですね。大学も高卒の公務員と全く同じで、カルト宗教や極左集団に加えて危険なヤリサーまで存在します。恥ずかしい話だけど、私、ヤリサーの意味を知りませんでした。

倉山　昔はオールラウンドサークルって言いました。テニスでも何でもいいから、彼女彼氏をつくるためだけのサークル、テニスサークルは大概そうだった。テニスサークルで、真面目なサークルの方が少数（倉山調べ）。

杉田　彼女彼氏をつくるというなら、まだ平和ですけど、記憶に新しいところでは、慶應大ではミス慶應を主催する広告学研究会の男子学生が集団強姦事件を起こしました。もう、それは犯罪ですからね。その後、大学から広告研は解散が命じられましたが、事件の犯人たちはだれも退学処分にはなりませんでした。

倉山　出た！　大学の自治（笑）。

杉田　去年一年だけで、大学での集団強姦事件は慶應以外でも東大・千葉大・近大などいろいろな大学で起こっていて、本当にあるんだと驚きました。大きくて知名度のある大学ならば安心ということは全くありません。関西の某大学は職員が全員民青（日本民主青年同盟）だと言われています。

倉山　ド左翼ですよね、戦前はまともな大学だったのに。

千葉　でも、そういう危険が潜んでいることを考えて大学なんて選んでないですね。親としても、そんなことがあるなんて夢にも思わないはずです。

倉山　まず、受験生とその親が考えるのは、大学に合格すること、入学手続きまで進むことですからね。

千葉　無事入学しました、はい、終わり！　ラッキー！　ぐらいしか考えてないと思います。

杉田　すべての大学が悪いわけではないけれど、大学がどういう所かというのは、大学生を持つお母さんとか子供も知っておいた方がいいですよね。

千葉　無防備というか、何も知らないから多くの人が巻き込まれて、ひどい目に遭ってきて、それが、今まで繰り広げられてきたわけですよね。この間、息子の学校で高校三年生対象の保護者会があったんですが、ほとんどの親はそんなことに気がついていないか、関心もない。今聞いていて、そういう危険を知らずにいるのは怖いことだなと思いました。

倉山　高卒の社会人と一緒で、大学生というのは一番狙われやすいですよね。

杉田　それまでと環境が一変するからでしょうね。高校まで一番多いのは同級生同士の付き合いです。先輩後輩といっても二つ三つ、あと先生。部活とかをやらない子だと、周りは同い年の友達ばかりという環境ですからね。大学生に入ると、年齢性別が関係のない付き合いをすることになります。いじめられていた子や友達がいなかった子でも、サークルに勧誘されて、上級生や大人から優しくされると、高卒の組合と同じで「こんな幸せな世界があったんだ」とか「あたしも幸せになっていいんだ」のように感じて、どっぷりはまっちゃうの。

千葉　それは絶対あると思う。特に孤独感を感じてた子なんかは、たぶんコロッといっちゃうでしょうね。

杉田　カルトについては、最近テレビもやらなくなりましたよね。私たちが大学生のころはタレントの飯星景子さんが統一教会に入信して、お父さんが困ってるとか取り上げられてましたけど。私の周りだと、息子さんを東大に行かせた人がいたんですけど、その息子さんの同級生がオウムに入って実行犯で逮捕された、なんてことがありました。麗ちゃんも言ってたけど、普通は大学がそんな場所だと思わないわけです。親たちは「息子（娘）が東大・京大に合格したぞ！」と喜んで、それで終わりと思ってますが、入学したらいきなり過激派や宗教の活動家になってたとかってあり得るわけです。そのときになってから気づいても、親は唖然《あぜん》とするしかありません。

千葉 サークルの全部が危ないわけじゃないけど、ヤリサーとか、極左とか、危ないカルト化しているサークルもあるということなんですよね。

一世を風靡した大学の活動家たち

倉山 千葉さんが言ったように、今、問題があるのはカルト化している団体ですね。昔は、大学内で左翼運動のオルグが平然と行われていましたが、今ではそれは下火になっています。つい最近も、中核派・革マル派のことが週刊誌で記事にされていたのですが、高齢化しているものの、いまだにそれぞれ三千人ほどの活動家とシンパがいて、大学はオルグの場という認識は変わっていないそうですから、注意が必要です（『週刊ポスト』六月三十日号。https://headlines.yahoo.co.jp/article?a=20170624-00000005-pseven-soci）。

千葉 中核派や、革マル派って略称ですよね？

倉山 ええ。どちらも一九六〇年代にできたマルクス・レーニン主義の新左翼団体です。中核派は「革命的共産主義者同盟全国委員会」で、革マル派というのは「日本革命的共産主義者同盟革命的マルクス主義派」というように、すごい長い正式名称（笑）。別に覚える必要はありませんし、今後の人生で正式名称に出会うこともないと思いますけどね。しかも、お互いを親の敵のように嫌っています。

千葉 その二つが仲悪いんですか？

倉山 私はよく、アニメマニアと特撮マニアの違いと説明してます。

杉田 どういうことですか？

倉山 外部の人から見るとさっぱりわからないけど、当人同士は全然違うと思ってる。特撮で説明すると、東映と円谷ぐらい違うという認識でいるということかな。なので、素人が見ると両方同じじゃん！ で終了です。

千葉 高校生の活動はなかったんですか？ ＳＥＡＬＤｓには弟分で高校生が参加するT-ns ＳＯＷＬというのがありましたよね。

倉山 ありましたよ。それもすごかったんです。一九六〇年代末、一九六九年の東大安田講堂事件までは大学生の学生運動が有名でしたが、あの当時に高校生の学生運動が盛んだったことは意外に知られていません。連合赤軍には高校生が入っていたんですから！

千葉　ということは、「あさま山荘」事件にも高校生が関わっていたの？

倉山　そうです。「あさま山荘」事件は一九七二年に軽井沢で起きた事件ですが、当時、高校にも連合赤軍の支部が存在し、高校生のうちからオルグして活動に引き込んでいたんです。

杉田　大学生の兄と一緒に山岳訓練に参加して、その兄を殺害したりしていますよね。見た目には全く危険性を感じさせていなくても、安全とは限りませんもんね。普通のおしゃれな所にいると思ったら宗教だった、過激派の活動家だったっていうことがあると思いますが、それはなかなか表には出てきません。

倉山　共産党だって演劇やコーラスといった文化活動を装って近づいてきます。一九五二年に東大で起きた「**東大ポポロ事件**」もその一つです。

千葉　どういう事件なんですか？

倉山　東大に「ポポロ劇団」という演劇サークルがあったんです。演劇サークルなん

■東大ポポロ事件（最高裁昭和38年5月22日大法廷判決）

昭和二十七年二月二十日、東京大学本郷キャンパス内の教室で、東京大学の劇団ポポロが「松川事件」をテーマにした演劇『何時《いつ》の日にか』の上演を行った。その上演中、学生が観客の中に本富士警察署の私服警察官四名を見つけ、うち三名の身柄を拘束して警察手帳を奪い、その際、足で蹴るなどの暴行を加え、警察官の衣服を破損させた。警察官に暴行を加えた二人の学生が暴力行為等処罰ニ関スル法律違反で起訴された事件。被告人の一人が後に昭和四十六年から平成三年の五期二十年にわたり秋田県横手市の市長を務めた千田謙蔵氏。

第一審（東京地裁）は無罪、第二審も第一審を支持して無罪としたが、最高裁大法廷は原判決を破棄して東京地裁に審理を差し戻した。その後、第一審で有罪となり、それぞれ執行猶予付きの懲役刑（有罪）を言い渡された。

上演していた演劇のテーマになった松川事件とは、昭和二十四八月十七日に福島県内の国鉄東北本線で起きた旅客列車の脱線転覆事件で、下山事件、三鷹事件とともに戦後「国鉄三大ミステリー事件」の一つとされる未解決事件。この事故で機関車の乗務員三名が死亡した。

犯人として二十名近くの共謀者がいるとされ、逮捕・起訴されたが、最終的には全員が無罪となった。ポポロ事件の当時、松川事件は審理が行われている中であり、上演前には松川事件の犯人とされた人たちの支援金集めも行われていた。また、上演自体は、「反植民地斗争デー」の一環だった。

当時、学生が取り上げた警察手帳の記述から、昭和三十年七月以降、複数の私服警察官が東京大学構内で張り込み、尾行、盗聴などを行って、学生、教職員、学内団体の調査や情報収集をしていたことが分かり、当時の国会でも学問の自由・大学の自治と警察権について調査の対象となった（東大事件）。

後日、千田氏は寮で逮捕されたが、もう一名の逮捕時は、警察官と大学生、それを支持する市民とがスクラムを組んで対峙する騒ぎとなり、正門前の都電通りは電車もバスも止まって異様な雰囲気だったと回想されている（遠山茂樹・渡辺洋三編集『ポポロ事件―黒い手帳は語る』、新興出版社、昭和三十九年）。

この判例は、憲法第二十三条の学問の自由と大学の自治の事例として必ず取り上げられている。

最初の第一審、第二審は、学生の行為を「大学の自治を守るためのもの」として正当な行為であったとして無罪とした。しかし、最高裁は、問題となった上演の集会が、学問の研究と発表のためのものではなく、実社会の政治的社会的活動で、一般の公開された集会であったと判断して、それらは学問の自由と大学の自治に含まないとした。

だけど、ただの演劇サークルじゃない。上演する前に、松川事件という裁判中の事件の被告を支援するカンパを集めたりしてました。その松川事件を題材にした作品を上演したとき、観客の中に私服の警察官が潜入していたんですが、それを発見した学生らがその私服警察官を取り囲んで、無理やり警察手帳を取り上げて、始末書を書かせたりしたんです。

千葉 学生が警官を？

倉山 そう。そのときに殴る蹴るというのがあったので学生が逮捕されて、起訴されたんですが、学生たちは、学問の自由と大学の自治を守る目的だったので無罪だと居直ったんです。結局、認められずに有罪になりました。その演劇の上演は、通常の学問の成果の発表ではなくて、一般の社会活動だから、学問の自由や大学の自治の中には含まれないと。

千葉 普通の演劇じゃなかったんだ……。

倉山 学問の自由としてやってるものじゃないだろうと。大学の演劇サークルとして、普段の研究発表じゃなくて、一般の人たちがやる集会と同じものなので、警察官が調査で見に入っていたのを力ずくで排除するのを正当化する理由にはならないだろうってことです。

杉田　これは危険だなと気づいたら、すぐに引き返してきなさいねと言っておかないといけないですよね。本当の怖さとかまでは伝えられないと思うけれども、世の中そういう危ないものがあるし、親や周りの人に相談しなよと教えてあげないと。SEALDsのときには、娘に「安易に乗せられてデモなんかに行ったら、まともに就職もできなくて、後の人生台無しになるから絶対行っちゃダメ！　わかってるよね？」って言いましたよ。娘が大学で何やっているか知らないけど、私が見ている限り、過激派の戦士に育て上がってる感じはないし、SEALDsみたいなもののことはわかってると言ってくれたのでホッとしましたが。

千葉　水脈センパイのお嬢さんなら、きっと大丈夫でしょうけれど、テレビや新聞の報道だけでしか知らないと、彼らは素晴らしいみたいになってしまいますよね。

杉田　この程度のことは、もっと前の世代の親は理解していたんですけどね。私も両親との会話で、共産党とか怖いからという話は普通に出てきていたけど、今の親は、私も含めて、そんな話を自分の子供にしませんもん。私だって、あえてお母さんが右翼のアイドルやってるとも言ってないし（笑）。

倉山　私は地元から上京するときに、風俗とセクトには気をつけろと言われましたよ。風俗に行って、性病に罹《かか》った奴がいっぱいいるぞというのと、新左翼のセクトとかですね。左翼以外でも統一教会が学生組織の「原理研究会（原理）」をつくって活動していましたし、そのころには、ちょうどオウム真理教も活発になってきていました。

杉田　原理については、私も周囲から教えられましたね。寮ごと乗っ取られてる大学もあるから危ないよと。私は普通に大学に入って、寮へも入ったけれど、例えば広島大学とか京都大学とかに行った子は、寮なんか怖くて女の子は入れないみたいな感じがありましたね。

倉山　当時は親同士でそういう情報を持っていて、子供を守ってましたもんね。本当に知らない人だと、普通のサークルだと思って参加して、ロッカーを開けたら活動家のヘルメットが出てきたなんて話もあります。セクトもやり切れないものがありますが、もっとやりきれないのはヤリサー。思想とか一切関係なく、一生を台無しにされかねない。女の子を持つ親だったら、絶対に気をつけろって言わないといけないと思いますよ。偏差値や人気は関係ないことは、明るみになった事件のあった大学を見ればわかることですからね。

杉田 左翼学生運動が華やかなりしときの過激派は、自治会を獲《と》ることを一応の目的にしていました。経済的な面もありましたしね。

倉山 具体例を挙げると、早稲田で革マル派じゃないのは法学部だけですね。法学部が変化していなければ民青（日本民主青年同盟）です。だから、法政が中核派で、早稲田が革マル派が牛耳っていました。明治が革労協＝社青同解放派。上智・青山・立教のオシャレ系大学を〝JAL〟って言って、学生運動が強い法政・中央・明治を〝ホーチミン〟と言ってた（笑）。そんな中央大学でしたが、校舎が八王子に行ったんで全部弱くなりました。なぜ八王子の辺鄙《へんぴ》な場所に行ったかというと、中央と明治があまりにもひどくて、どっちを都心から外すかで、中央が飛ばされた。ちなみに中央の学長たちが入ってる一号館という建物は、本当に要塞《ようさい》なんですよ。すべての階がそうなんですが、警官が一人分隠れられるスペースが廊下、全部にある。

千葉 そんなにひどかったんですか！

倉山 昔の話ですが、明治大学ではカツアゲがあったと聞いたことがあります。パヨクの皆さんが寄付してくださいって言って、授業の前にやって来てクラス全員から持っていくという。教授はそれが終わったら入ってくると。

[日本の新左翼の系統図]

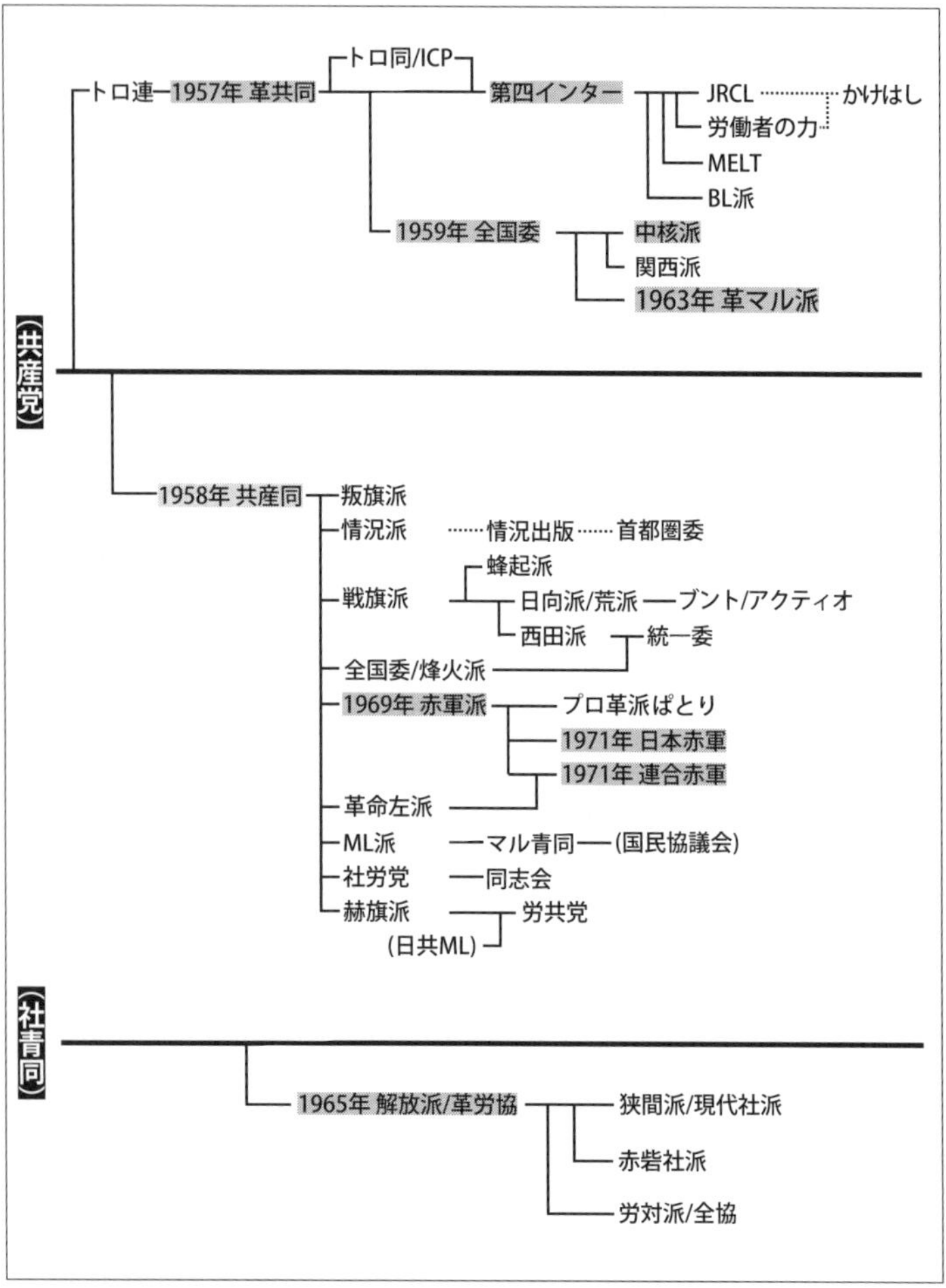
トロ同/ICP
トロ連
1957年 革共同
第四インター
JRCL
かけはし
労働者の力
MELT
BL派
1959年 全国委
中核派
関西派
1963年 革マル派
共産党
1958年 共産同
叛旗派
情況派
情況出版
首都圏委
蜂起派
戦旗派
日向派/荒派
ブント/アクティオ
西田派
統一委
全国委/烽火派
1969年 赤軍派
プロ革派ぱとり
1971年 日本赤軍
1971年 連合赤軍
革命左派
ML派
マル青同
(国民協議会)
社労党
同志会
赫旗派
労共党
(日共ML)
社青同
1965年 解放派/革労協
狭間派/現代社派
赤砦社派
労対派/全協

千葉　注意しないの？

倉山　教授は見て見ぬふり。数年前に立命館で、教員が講義中に朝鮮学校無償化の署名をさせたという事件がありましたが、それよりひどいです。学生に聞いた話ですが、明治は二〇〇〇年ころまで極左勢力が盛んでしたが、学長が集団暴行を受けたので、活動家の象徴だった鉄柵と本館を潰してリバティータワーを建てたのを機に、全部ビルキャンパスに転換、活動家の温床だった二部と生協を取り潰すという、かなりの強硬策に出ました。今も学長が移動するときには警備が付いてますからね。

千葉　今も活動家っているんですか？

倉山　私の在学中が最後の残党がいた世代ですね。

千葉　学生の中で、これは活動家だ！　みたいなのわかるの？

倉山　わかる。見た目が違います。

千葉　そうなんだ！

倉山　『朝まで生テレビ』に出てて、なんか白いTシャツにジーパンで、ボサボサのロン毛ですっぴんの女の子が出てきて。これは民青だ！　と思いましたもん。

杉田　そんな人が出るんですか！（笑）

倉山　いました、いました。〝民青顔〟ってあるんですよ。ちなみに、『朝まで生テレビ』って私らも出ていたぐらいですからね。田原総一朗って、変な人いっぱい呼んでたんです。

千葉　くらら先生、後ろの客席にいたの？

倉山　そうです。右翼活動家の野村秋介が一般人として飛び入りで質問してる、伝説の回がありましたね。

杉田　大学での活動も、昔よりは下火になりましたよね。

倉山　今は若い学生がサークル活動をやらなくなりましたからね。

ソ連崩壊後も左翼は死んでいなかった！

杉田　活動家つながりでいうと、五月十二日に「中核派の活動家三人、建造物侵入疑いで逮捕　西宮」（神戸新聞、二〇一七年五月十二日配信。http://www.kjclub.com/jp/board/exc_board_9/view/id/2404158）という記事があります。逮捕されたのは中核派の活動家なんですけど、労組のメンバーでもあるんです。しかもこの関西合同労働組合阪神四国長は韓国籍の許用皓という人で、七十八歳なんです。

倉山　ご高齢なのに頑張ってる……って応援してどうする。

杉田　頑張ってますよね（笑）。神戸新聞もかなり左の新聞社ですけど、しっかり韓国籍であることや、本名まで書いて報道していました。この労組のトップも韓国籍の人ですが、兵庫県ではさらに弁護士会のトップまでが韓国籍の人なんですよ。帰化した人ですらなくて、韓国籍のままの人が、弁護士会のトップになれてしまうんです。韓国籍の人がトップの労組については、中核派の人たちが逮捕や勾《こう》留《りゅう》に抗議する内容のビラを配っていたんですね。

倉山　どこで配られたものですか？

杉田　法務局の前や警察署の前、ＪＲ西宮駅前で配っていたらしいです。ビラには兵庫県警による不当逮捕、勾留延長弾劾！　みたいなことが書

西宮で配られた中核派のビラ

いてあって、Aさん（許容疑者）たち三名を直ちに取り戻そうという趣旨が掲載されていました。彼らは労組のメンバーですが、この労組が中核派系労組で、これが歴史戦にも絡んでくるのです。私が取り組んでいた慰安婦問題では、慰安婦像が世界中に建てられている話です。最近では何とか盛り返して、二十万人強制連行、性奴隷は事実じゃないと日本政府が言い始めて、慰安婦像設置の動きに陰りが出始めました。それで、今度は徴用工の像を建てようという動きが韓国側から広がってるんです。

千葉　徴用工って？

杉田　強制連行されて強制労働させられた少年たち。慰安婦像の男の子バージョンね。

倉山　ロリコンの次はショタコン、BL（ボーイズラブ）だと言うつもりですかね。

杉田　像を作る人は同じだそうです。韓国にはまだ建てられていない像ですが、日本にはそれに先駆けて京都に一つだけあります。そこへ取材に行って、月刊『正論』の六月号に記事を書いたんです。その像の足元には労組の名前が刻まれているんです。

千葉　日本の労組？

杉田　それが、韓国で中心になって動いている労働組合の全国民主労働組合総連盟（民主労）というところ。そこが徴用工の像を作ろうとしていて、そことつながっている日本の労組が中核派系なの。中核派の『前進』という機関紙の五月一日発行分の中に、横浜に民主労の人たちを迎えて大集会を開きましたっていう記事が載ってるんです。

千葉　韓国の労組と日本の労組が手を組んだの？

杉田　そう。先ほどから話をしているように、一般の人たちは過激派とか中核派といった組織はもう死んだと思ってるじゃないですか。過激派とか中核派はもう日

同じ作者のものである徴用工像と慰安婦像

本にいたとしても少数がちょろっとだけ残って、たまに駅とか人通りの多い所でこんなビラを撒《ま》くだけだろうなと。でもそんなことはなくて、しっかり生き残っている上に、韓国からも労組を招いて大集会を開き、日本と韓国に徴用工像を建てようとしている主犯格みたいな形で活動しています。

倉山 すごいですよね。朴槿恵を右翼呼ばわりですもんね。

杉田 彼らにしてみれば朴槿恵は右翼なんですよ。これには朝鮮侵略戦争を阻むと書いてあって、それを主張しています。全学連も全く同じことを言ってるんですよ。

倉山 韓国が北を侵略するってことですか?

杉田 その逆。アメリカと日本が朝鮮戦争をして、また植民地化しようとしてるぞと言っているんです。

倉山 何の妄想ですか(笑)。買いかぶりにもほどがあります。

杉田 先の記事には「兵庫県警によると、三人は中核派の活動家」って、はっきり書いてあるんですよ。ソ連崩壊後に共産主義がダメージを受けて支持を失い、極左連中も活動は下火になっているだろうし、中核派はほとんどいなくなったと私も思ってたんですよ。ところが、まだまだ健在だったということです。

千葉　慰安婦問題に違和感を持つ人もいるだろうし、嫌韓の人もいると思うけど、それで関心を持つのなら、そういう連中が活動してるということを知っておかないといけませんね。韓国人だけが悪いんじゃなくて、彼らに手を貸す日本人もいるってことですから。

政治家・山本太郎と、共産党もドン引きの中核派

千葉　この『前進』って、山本太郎さんとか反原発を取り扱ってたところでしょ？

杉田　中核派の機関紙です。太郎さんも中核派。

千葉　反原発運動に関わっていたから、『前進』って聞いたことがあるなと思ったんですよ。当時の国会議事堂前のデモとかで、山本太郎さんとは何回か一緒になったことがあります。

倉山　話したことはある？

千葉　もちろん、話をしたことはあります。

倉山　そのときの印象って、お話ししてもらってもいいですか？

千葉　性格として活動家というのはすごく合ってるなぁという感じがしましたよね。極左の革命家のイメージって言ったらいいのかな、ちょっとドラマに出てくるような感じの。

杉田　山本太郎さんは宝塚出身で、市長選の応援もいつも行っています。

倉山　私はNHKの『ふたりっ子』とか大河ドラマ『新選組』の印象しかありません。

千葉　私は『天才・たけしの元気が出るテレビ‼』での一発芸メロリンQの印象です。

杉田　私は『世界ウルルン滞在記』の印象ですね。

倉山　メロリンQは活動始めてからですもんね。普通のタレントでしたよね。そして、ある日、反原発とか言い出していたと。

千葉　当時は、純粋に原発に反対している人だと思ってたんですけど、その後の動きを見ていたら、もともと左翼だったようですよね。お母さんの勧めでグリーンピースの支援もしてたらしいですから（日刊スポーツ、二〇一一年七月二十日付に記事）。

倉山　なるほど。変節とかではなく、最初からそういう人だったんですね。

千葉　今だから、わかったことですけどね。

倉山　山本太郎さん、役者としては嫌いじゃないんですけどね。

杉田　私も家族内での好感度は高かったですよ。『世界ウルルン滞在記』とか見ていたときは別に嫌っていませんでした。
倉山　彼、演説がめっちゃうまいんです。
千葉　俳優業の影響とかだけではなくて、政治家として？
倉山　街頭演説は、道行く人を何人止められるかというのが勝負なんで、知名度があっても下手な人だと止まってもらえないんです。私が見たのは、政治家になってから渋谷での演説だったのですが、内容もＴＰＰ反対とか、一番右の人が言ってることを取り入れてるんですよ。声とか話し方もあるかもしれないけど、それだけじゃないという意味で彼の演説はうまい。極左なのに、極右のようなこともぐるっと回って言えてしまうというのは侮りがたいです。
杉田　国会の中でも、たまにそういう発言ありましたよね。領土問題に関してはしっかり取り戻せとか、いきなりそういうことを言うんですよね。
倉山　領土問題に関しては、共産党もまともなこと言いますからね。
杉田　中核派と言えば、西宮市の公務員時代、私は保育所の民営化問題を取り扱っていたときに少しだけ怖い思いをしましたよ。当時は、小泉改革の「官から民へ」と言われて、民間の発想、手法による効率化を目指す動きが全国に広まっていたときだったんですが、市議会の委員会室とかで審議をすると、傍聴者として活動家がズラッと集まってくるんです。今の沖縄と同じで、西宮市民ではなく、全国から集まった活動家で、彼らが傍聴席を埋め尽くす。全国から役所に反対のFAXがバンバン送ってきて、ものすごかったの。普通、議会を傍聴する人は、ハチマキ巻いてきたり、拍手したり、ヤジを言ったりして騒ぐことが禁止されていますが、そんなルールはお構いなし。議長も注意をするけど聞かないから、傍聴席に一番近い所に座っていたので「黙ってください」と野次を飛ばす人々を睨《にら》みつけながら、言い放ったの。そうしたら閉会後に、ウワーッと囲まれました。

千葉　その活動家の人たちに?

杉田　そう。「お前、さっき何言ったんだ?」みたいな感じに罵声《ばせい》を浴びせられました。そしたら、西宮市職員労組のトップの人が来て「杉田さん、ダメダメ。あれは中核派だから、相手にしちゃダメだよ」と言われたんです。西宮市の労組は自治労連なので、共産党系労組なんだけど、そこのトップが、あれは暴力的だから相手にしちゃダメって。中核派ってそういうところなんです。

千葉　もう、次元が違う感じ？

倉山　ですね（苦笑）。中核派って、皇居に向かってロケットランチャーを撃ち込もうとした連中ですからね。

千葉　それ、最近の話なんですか？

倉山　もう三十年ほど前の昭和天皇崩御のときです。天皇制打倒って言ってる共産党ですらドン引きです。

内ゲバばかりのサヨク

杉田　麗ちゃんが経験したパヨクもそうだったと思うけど、左翼の内ゲバってすごいですよね。一時期は殺し合いといっていいレベルのものだったと思います。暴力を伴うからゲバって言うくらいなんだけど。

倉山　さっき、革マル派と中核派の違いを特撮に例えて話しましたけど、決定的になったのが一九六九年の東大紛争で安田講堂に立てこもったときのことですね。革マル派だけ無言で逃げたんです。

千葉　そのときって、みんな一緒に立てこもったりしてたんじゃないの？

倉山　そう。なのに革マル派だけ敵前逃亡したというので、ほかの仲間から非難されるようになって、対立が激化したと言われていますよね。だから思想とか関係なく、あいつの言ってることの逆を言うとかになっちゃったり。警察に捕まって、人生終わる寸前に見捨てられたという怨念《おんねん》で動いているので、思想は関係ないですね。

杉田　基本的に左翼系は内ゲバによる分離・離散が多いですよね。例えば、その昔、地方自治体の公務員などの労働組合は自治労（全日本自治団体労働組合）の一つしかありませんでしたが、そこが一九八九年に内ゲバで割れて、共産党系の自治労連（日本自治体労働組合総連合）と、社会党系の自治労に分かれて現在に至っています。同じく八九年に日教組（日本教職員組合）の中でも、社会党系の日教組から共産党系の全教（全日本教職員組合）が離脱してしまいました。その社会党系の支持母体が民進党系に引き継がれています。分かれるときも、円満に分離・離脱するなんてことはなくて、監禁されたり、爪を剥《は》がされたりと、血で血を洗う闘いが日常茶飯事に行われていたみたいです。さっき、この共産党系の人たちから、中核派は暴力的だからダメって言われたって話したけど、もうどっちが？　という感じで驚くばかり。

千葉　そういえば、森友学園問題で引っ張り出されてきた、辻元清美さんと関西生コンの話があるけれど、関西生コンというのも労組なんですよね？

杉田　そう。企業じゃなくて労組なんですね。もともとは建交労（全日本建設交運一般労働組合）という共産党系労組の前身の一部でした。そこは建設業・運輸業の労組なんですが、関西生コンの人たちがあまりにも過激だったので、共産党系の人たちに疎《うと》まれて、それで切り離されてしまったんです。その人たちは共産党系に切り離されて、どこへ行こうか、共産党がダメなら社会党だ！　ということで、辻元さんや福島瑞穂さんを今も応援しているという背景があります。共産党の方が温和で、過激派という人たちから応援してもらっている昔の社会党系や山本太郎さんの方が過激路線で、本当は怖い。

千葉　反原発・脱原発の動きが大きくなったときを思い出すと、あとに「しばき隊」になるＮＹの一派や、共産党員たちの方がみんなを排除してというイメージがあって、中核派とかのチームの方が温和で静かに見えたけど、逆だったのかもしれませんね。

共産党の合法・非合法活動

倉山　過激かどうかは、どっちもどっちですけどね。現在、共産党は表向き非合法活動はやめていますが、中核派は平気でやってますからね。一番熱心に行ってるのが中核派ですよ。国会議員を一人出したんだから、少しは大人しくなるといいんですが。

千葉　政治勢力なのに、合法とか非合法があるんですか？

倉山　ありますよ。左翼、特に共産主義革命を目指す勢力は、議会路線と武装闘争路線の二通りがありました。武力（暴力）で政府を転覆するロシア革命のような方法を目指す人たちと、選挙で勝って議会の多数を取って共産化しようという路線があります。日本共産党は議会路線にシフトして、武装闘争路線は封印していますが捨ててはいません。中核派・革マル派なんて議席なんてゼロだったんで、数なんて関係ない、とにかく革命やるんだと主張していました。

千葉　国会議員で私は革マル派です！　中核派です！　と明言してる人はいましたっけ？

倉山　山本太郎さんは表立っては言ってませんね。選挙のときに、そういう人しか応援してなかったという明らかな証拠があるだけです。

千葉　民進党の枝野さんっているじゃないですか、あの人は？

倉山　枝野さんは革マル派と言われてますね。永田町で配られていたビラによく出ていました。中核派が怖いという話も大事なんですが、革マル派と某元首相はつながりが深かったんです。保守の顔をして共産党より左とつるんで、一番おいしい思いをした人だっています。北方領土を千島列島二十五島から四島に限定したのは誰だったか。最近、話題の教育勅語だって、島根県の私立高校が教育勅語を使った教育をしていることに対して、是正措置を出したのも、その人が首相のときでした。「今こそ憲法改正！」と言われても、あんたがその機会を潰しましたよねと言いたくなります。なぜ、あんな保守の裏切り者がいまだに持ち上げられるのか全く理解できません。だんだん、別の怖い話になってしまうので、この辺でやめておきます。

杉田　枝野さんは革マル派だと言われていますけど、民進党系の人たちにはかなりいますね。この三月に亡くなった岡崎トミ子さんも疑惑がありましたね。あと北海道みたいな北の方で強いんですよ。国鉄がＪＲになったときに労組も解体されて、北海道は国鉄労組の革マル派が温存される形になっていまだに過激な活動をやっています。

倉山　ＪＲ革マルの松崎明さんという人は、ものすごいお金持ちでしたもんね。群馬は総理を四人出した保守の県ですが、革マル派の拠点なんです。

拉致問題と保守の勝つ気のない劣化コピー手法

倉山　私、革マル派の皆さんに囲まれたことありますよ。拉致問題で蓮池薫《はすいけかおる》さんの講演会やったら客が十人しかいなくて、うち四人が革マル派でしたが、よく来てくれた、ありがとう！　と（笑）。それで拉致問題の年表とか、普通に資料作るじゃないですか。何で自民党の話ばかりなんだ？　って言われて、そりゃ政権与党が自民党だからだよと答えました（笑）。さらに、支持政党どこだと訊《き》かれたので、スポーツ平和党と答えておきました（笑）。

杉田　そういう牧歌的な話はさておき（笑）、拉致被害者の人たちで道を歩いていていきなり拉致された横田めぐみさんとかのパターンは……。

倉山 少数ですね。
杉田 そうですよね。あとは、活動家関係でちょっと脈がある人が連れて行かれたなんてパターンもありますか?
倉山 そういう人もいます。
千葉 活動家とは限らないということでいいの?
杉田 全くの無関係の人も多く攫《さら》われているけれども、ヨーロッパで攫われたような人たちは、実は北朝鮮のシンパや活動家に近かったから連れて行かれたのかなと思っていたんです。
倉山 自分自身が活動家だったというのはちょっと聞いたことがないですね。もちろん、いてもおかしくないんですけど。それが薄いなと思うのは、北朝鮮が使い物にならないと思って活動家は誘わないんです。北朝鮮が誘ってるのは多様な人なんですよ。特定失踪者《しっそうしゃ》の生島孝子さんは、当時電話の交換手でした。彼女のような技術職だった人だとか、ほとんどスパイ養成のために普通の人をいろんな所から誘ってきています。活動家のように特殊な人を別に誘う必要がないと思うんです。
杉田 ということは、最初から左系の活動をやっていた人が攫われたということはあまりない？

倉山　むしろ普通に出入りしてますよね。

杉田　そうか、連合赤軍とか普通に出入りしてますね。拉致に協力していた可能性もありそうですね。

倉山　よど号ハイジャック事件もそうですが、身内をわざわざ攫う必要性がないんです。ちなみに、蓮池さんとか横田さんみたいに、殴ってズタ袋に入れて拉致したケースはかなり少数派で、基本的に勧誘・スカウトですね。拉致被害者に有本恵子さんという人がいるのですが、その方のご両親が社会党の土井たか子さんを頼ったというのはそういうことでしょうね。

千葉　社会党って、確か、最初は拉致を否定してましたよね？

倉山　まず「拉致疑惑」って言ってました。「拉致問題」って言ったら怒られてた。看板とか蹴飛ばされてて。蓮池さんなんて、弟さんが帰ってくるとき千人集まったんですよ。そのつい四年前は十人ですもんね。とはいうものの、救出活動をしている人の中心は「武道館で一万人集めるぞ」って。取り返すのが目的だか、人集めするのが目的だか、よくわからなくなる。

千葉　そうなんですね……でも集会やって集めた人数と、現実の政治って関係ないんですよね？

杉田　政治・行政というのは、こうやるって決めたら最終的に絶対に何があってもやるんです。途中で法案がなくなったり、消えたり断念したりということはないんですよ。私も行政にいたのでよくわかります。だから、いつも言ってたんですよ。デモをやっても署名集めても無駄ですよと。署名集めて、ハイ！　何万人分の署名を持ってきましたって言っても、ゴミ箱に捨てられるだけだもん。集まった署名なんて行政マンにとっては痛くも痒《かゆ》くもないもん。

倉山　保守は署名集めるの好きですよね。

杉田　私もやったことある（笑）。河野談話見直しの署名をやって、菅《すが》官房長官のところに持って行きましたけど。

倉山　私も署名したような気がしていますが（笑）。

杉田　署名だとか外でデモやられようが何されようが、中にいる人間には何の影響もない。議員の口利きの方が有効手段としてあり得ますね。

倉山　『反日プロパガンダの近現代史』（アスペクト、二〇一四年）で、その辺、全部書いといたんですけど、署名を集めても金正日《キム・ジョンイル》が返すわけないじゃん。今の話、日本国内の話ですらそうで、北朝鮮に何が響くのって？　という話を言ってたら、嫌われましたけどね。

千葉　署名を集めるとかを立ち上げるのって、パヨクに多いと思ってました。つい最近だと、一橋大学ＫＯＤＡＩＲＡ祭での百田尚樹《ひゃくたなおき》先生の講演中止とか。

倉山　主張は反対なのに、相手の手法を劣化コピーしてるのが保守なので、それは勝てんわなと思いますね。

沖縄で目立ちたいしばき隊

杉田　さっきのせた不当逮捕とか勾留の抗議のビラに書かれていたことは、不当逮捕って言うけど、不法侵入したから逮捕されているわけで、何の問題もないんです。そういうことをしておいて、Ａさんは持病があるのでこのまま長期勾留したら生死に関わりますと書いてあって。

倉山　じゃあ犯罪するなよ（苦笑）。

杉田　これ、どっかで聞いたような話だなと思ったら、山城博治議長（沖縄平和運動センター議長）が逮捕されたとき、やっぱり不法侵入に対する逮捕で、それを不法逮捕だと言って騒いでる。

千葉　同じパターンじゃない！（笑）

杉田　そう。さらに、アムネスティまで動いて、沖縄で人権侵害だという主張の演説をやりました。約五カ月、沖縄の拘置所にいて、三月に保釈されたあと、今度は六月十六日にスイス・ジュネーブの国連欧州本部へ行って、こんな不法な人権侵害を日本国政府の警察に受けたという演説をしたそうです。

千葉　山城さんという人は、確か、この間、逮捕されたＴＮたちとかを動員してましたよね？

倉山　千葉さん、ご存じの人なんですか？

千葉　直接の面識はないけど、ＴＮたちのことは少し知っているので。

倉山　その辺、お二人について行けてないので、ちょっとレクしてもらってもいいですか。

杉田　ツイッター上でC《ク》.R《ラ》.A《ッ》.C《ク》.（Counter-Racist Action Collective）という対レイシ

スト行動集団ってあるんですけど、その人たちは沖縄問題に熱心に取り組んでいるわけですよ。さっき麗ちゃんが言っていたＮＹとか、ＴＮことＳとか、そういった人たちなんですけどね。

倉山　それって、しばき隊のこと？

杉田　そう。それで、なぜ彼らが沖縄に行ったのかというと、実は東京の方で目立ちたかったのにＳＥＡＬＤｓに越されちゃって。

倉山　それで、沖縄に行って、自分たちでレイシストしばき隊と名乗ってる？

杉田　そうです。これにも、関西しばき隊とか男組とか一応組織や役割があって、自分たち自ら暴力集団って言ってるんですね。東大卒の頭の良い奴や証券会社の部長もメンバーでした。

千葉　ＮＹもメンバーだし、山城さんが動員していたＴＮもその仲間。

杉田　ＴＮっていうのは偽名で、本名はＳと言うんですが、Ｓとその仲間は、肩や背中に入れ墨を入れているような奴らなんですけど、有田芳生《ありたよしふ》さんなんかと一緒に写真を取って、有田芳生の選挙活動手伝っていました。ＮＹは大阪外国語大学にいました。大阪外大といえば宮古島市議会議員の石嶺《いしみね》香織氏も大阪外大にいた人です。

倉山　沖縄で暴れまわってる女性市議ですね。

杉田　ちなみに大阪外国語大学は二〇〇七年に大阪大学と合併して阪大外国語学部になりました。キャンパスは箕面《みのお》のままですけどね。

千葉　石嶺さんってコンビニに難癖つけてた人？

杉田　そう、コンビニでの自衛隊のＤＶＤの販売をやめろとか、自衛隊が来たら婦女暴行が増えると言った人です。

「十三《じゅうそう》事件」～しばき隊も内ゲバ

千葉　しばき隊の中でも男組って「自称右翼」だから、すごくタチが悪いんですよね。

倉山　はい？（苦笑）

千葉　しばき隊の中の「自称右翼」（笑）。

倉山　右翼ってどういうことですか？

千葉　ただの暴力集団なんですけど、対米自立と言いながらパヨクとつるんで、自分たちでは右翼を自称しています（笑）。

杉田　関西しばき隊が起こした事件で「十三事件」という内ゲバ事件があるのですが、倉山先生、ご存じですか？

倉山　全然。以前に教えていただいたやつですか？

杉田　関わっていますが、それのもっと前です。

倉山　やつら、同じことばかり繰り返しているから固有名詞を言われても（苦笑）。

杉田　さっきお話ししたしばき隊の後継団体C.R.A.C.の内部で起きた傷害事件で、「十三ベース事件」と名付けられているのですが、連合赤軍の「山岳ベース事件」をもじったものなんです。

倉山　十三って大阪市の地名ですよね？

杉田　そうなんですけど、実際に事件が起きたのは同じ市内の北新地。C.R.A.C.メンバーが右翼から金を貰ったという噂《うわさ》があって、それを心配した日本人の被害者が仲間に相談したらチクられて、北新地の飲食店に呼び出されて、裏切り者だ、なんだと一時間以上リンチされて、全治三カ月の怪我を負わされたという事件です。

倉山　まんま内ゲバじゃないですか。

杉田　被害者がボコボコにされた写真も出回ってます。C.R.A.C.には辛淑玉《シン・スゴ》さんが関わっていることもあって、李信恵《リ・シネ》さんは事件をデマだと隠匿する形で行動していました。

千葉　辛淑玉さんと李信恵さんは、姉妹のような間柄だから、隠蔽《いんぺい》しようとするでしょうね。そのリンチ事件が起きたときも、そこに李信恵氏がいて、ボコボコにされたのが日本人だったというオチでしたよね……。被害者は、その店に行ったとき、足にICレコーダーを着けていったみたいですね。絶対フルボッコにされるとわかっていたから、覚悟していたんだと思います。

倉山　やはり、この人たちは、右翼左翼以前に暴力団ですよね。

千葉　かつての「あさま山荘」事件から何も変わってないなと思いましたよ。去年、一昨年の話で、この有様ですからね。

倉山　ずっとバカやってるわけですよね。

杉田　私、麗ちゃんの説明、聞いてて思ったんですが、中核派とか革マル派は私たちの親の年代ぐらいまで歴史を辿《たど》れますよね。でも、しばき隊とかは、ぽっと出の根無し草。昔の過激派を真似しているだけ。中核派などの人たちは、いまだにこういうビラを配ったり、デモやったり、署名を集めたりみたいな戦い方をやってるわけですよ。

倉山　五十年前から変化してないですね（笑）。

杉田　七十八歳のおじいちゃんがツイッターで情報発信できないですよね。その点でNYたちの新世代的な活動手法だと思います。

サヨクの隠《かく》れ蓑《みの》

杉田　それで、その辛淑玉さんと関西生コンのトップの人が大阪のシンポジウムでパネリストとして共演しました。それを主催した人が門真市議の戸田久和《ひさよし》氏です。戸田氏はもう十五年以上前ですが、二〇〇〇年に重信房子が逮捕されたときに匿ってたのではないかということで、当時、大阪府警から家宅捜索を受けています。その重信房子を匿ってたのが、大阪の高槻《たかつき》市の奥にある光愛病院という精神科病院なんですね。ここは連合赤軍の残党が建てた精神科病院だってことがわかってるんですよ。この点からも極左の活動家同士がつながってくるのかなと見てます。

千葉　精神科病院ってのが怖いですね。

杉田 私もそう思いました。精神科病院だから、「助けて〜」とか大声が聞こえてきても誰にも怪しまれないわけですかよね。だから、いくらでも利用できるなと思います。

千葉 私、水脈センパイからこの間もこの話を聞いたんだけど、あり得ると思ったら怖くなってきて……。

倉山 千葉さん、もっと怖い話しましょうか。精神科病院とラブホテルっていうのは有事になったときのために、某国とか某国の工作員が暴れるための武器を隠してます。

千葉 えーっ！

倉山 怪しい人が出入りしてても、誰も怪しまないですよね。そこの経営者がそういう人たちだったら……。

千葉 確かにラブホテルなんて、経営者とかオーナーが日本人かどうか、どんな人なのかなんて普通は考えませんよね。

倉山 これはstay behindという考え方で、戦争の定石・セオリーで戦争になったときに敵を積極的に撹乱《かくらん》する目的で、そういう場所に武器を隠しておきます。思想どころか国籍もわからない有象無象《うぞうむぞう》が利用できますからね。

杉田 武器を隠してるなんて、あるんですかね。

倉山 あくまで定石という意味で、ですよ。実際に誰がやってるとか、やっていないではなくて、セオリー通りならそのような場所に隠しますよ。

杉田 でも、連合赤軍なんかが動いていたときも、ラブホは当時あったか、なかったか知りませんけど。

倉山 それ以前は連れ込み旅館と言っていました。

杉田 絶対に単独では行動せず、男女のカップルで行動しますよね。それならラブホのような場所へ入っても全く怪しまれません。それこそ新左翼を描いた山本直樹さん原作のマンガ『レッド』(二〇〇六年〜)にも出ていた話です。

倉山 一人が二人になるって、二人が五十人になるより大きいですもん。

千葉 確かに! オウムのときもってこと? そういえば二人一組で逃げてた、逃げてた!

杉田 その辺りがかなりつながっていて、さっき言った高槻山奥の光愛病院という精神科病院は、高槻というと辻元さんの地元ですし、辻元さんの旦那さんは日本赤軍の元戦士の北川明さんですよね。

倉山　彼は第三書館の代表です。

杉田　その第三書館から辻元さんは何冊も本を出してますよね。

倉山　公安調査庁のデータを盗んで本にしたものです。

杉田　あの本、全部がですか？

倉山　はい。民主党政権のとき、あれは大問題になりました。公安調査庁のすごい極秘情報を利用して書かれたものです。「出所は明かせません」とか言って出版したんです。なぜそれができたかといえば、公安調査庁が北朝鮮に乗っ取られていて、緒方重威《しげたけ》という部長が北のスパイとして働いていたからなんですね。

千葉　一時期？

倉山　はい、一番の陣頭指揮を執る責任者が北の回し者だった。しかも緒方は、そのまま公安調査庁の長官も歴任します。日本のスパイ機関が丸々他国に乗っ取られてた。

杉田　怖いなと思いましたけど、民主党政権のときにね。警察のお目付け役の国家公安委員長が岡崎トミ子さんでしたもんね。

倉山　スパイだった緒方を小泉さんが摘発したんです。

世界に発信するサヨク

杉田　先述した関西生コンは、辻元さんに献金もしてます。関西生コンの今年の鏡開きには、辻元さんと福島さんがゲストで行って挨拶《あいさつ》をしています。その関西生コンのウェブサイトを見ると、沖縄問題のことばかり書いてあります。コンクリートミキサー車に沖縄基地反対の横断幕を取り付けて何台も並べた写真とかが出てきますし、この辺りが全部つながっている気がしますね。

千葉　左翼やパヨクが活動するときって「沖縄」とか「原発」とか、必ず、ターゲットやテーマ決めていますよね。

倉山　今、旗印がないと集まれないですからね。

杉田　翁長《おなが》知事になってから、サヨク活動が集中して目立っているのもありますが、沖縄の問題でタチが悪いのはサヨクに利用されやすい点ですね。山城議長もそうですが、国連で勝手に発信されるし、アムネスティはしゃしゃり出てくるし、サヨクがあの手この手で国際的に力を入れて発信しようとしています。

千葉　世界に訴えられると、弁明するのも一苦労ですよね。

杉田　私が前にカナダに行ったときには、沖縄の問題についての映画が上映されていて、その反日映画を企画した、乗松聡子さんという女性がいました。彼女はバンクーバー9条の会のチャーターメンバーで、琉球新報の『南風』というコラムコーナーによく寄稿をしています。また沖縄とバンクーバーを行ったり来たりしていて、アムネスティの声明文を沖縄で読み上げたりもしてますね。彼女は毎年カナダとアメリカの学生を連れて、日米加の学生交流プログラムを組んで、立命館大学で左翼教育をやってるんです。京都を出発して広島・長崎を回って、反日教育をするプログラムを何年も開催しています。また、このプログラムの中にはオーストラリア・メルボルンの私の講演会を妨害したとされるユキ・タナカこと田中利幸元広島市立大学平和研究所教授の講義も入っています。彼は、"Japan's Comfort Women"という本をアメリカで発行しています。また、日本軍が人肉を食べたとの論文を書いたのも彼です。これは映画「アン・ブロークン」のベースになったとされています。このように、さまざまな所に火を付けた田中さんがいて、その人たちから話を聞く活動をするのが乗松さんという再生産の構造です。

倉山　敵は世界への発信に力を入れていますね。ただ、千葉さんは以前パヨクを分類していたかと思いますが、その中に歴史戦やってる人っていなかったですよね？

千葉　入ってないですね。それはパヨクじゃなくて、頭のいいインテリ左翼なんじゃないですか？（笑）

倉山　なるほど！　確かに（笑）。

杉田　パヨクじゃなくて左翼だわ（笑）。

千葉　世界に発信するのは、敵味方共に頭を使いますからね。パヨクにできなくて、当然です（笑）。

知ることは、大事な人を護《まも》ること

千葉　危ないサークルにせよ宗教にせよ、何かにハマってるときって、他人の話を聞こうとしないもんね。摂食障害になって、拒食症になったときもそうでしたけれど……必要もないのにもっと痩《や》せなきゃ、もっと体脂肪を減らさなきゃっていう強迫観念にとらわれちゃっていた。周りがいくら「痩せてるから大丈夫だよ！」、「危ないからやめて！」、「もっと食べなきゃダメだよ！」なんて言っても、自分がもう絶対正しいと思っちゃっていて。そういうときって、肉親、恋人、親友、誰からの声も聞こえないし、信用できないっていううつ状態に入っているのと同じだもん。

杉田　ほんとそうね。

千葉　そういう状況だから、そこから抜け出させるっていうのはものすごく大変で、本人が気づくしかない。あとは、根気よく周りの大人が何とかするしかないんだよね……。

倉山　結婚詐欺に引っかかった人を諭すのと一緒ですからね。私は騙《だま》されてないんだと思いたがる、というか、思ってしまう。

千葉　結婚詐欺といえば、何人かいる私のヨーガの妹分（アシスタント）の一人が、ホストにハマってしまって大変だったことがあるんです。彼女は一番弟子、二番弟子というくらいの大事な子だったので、何とかしなきゃと思いました。

杉田　ハマるというのは、具体的には、やっぱりお金？

千葉　それももちろん。持っているお金を全部、そのホストに使っちゃうし、ヨーガの練習をしなくなって、どんどん太っていっちゃって……。ヨーガのプログラムの中にはフィギュアスケートの選手みたいに足を高く上げるポーズもあるのだけど、それもできなくなって。仕事ができなくなったら、お金の問題が深刻になる。深夜に呼び出して、それじゃダメだよっていう説得を二年間続けました。

倉山　統一教会から娘を救いだした、飯干晃一《いいぼしこういち》さんと同じ境遇じゃないですか！

千葉　別の人を勧誘するわけじゃないから、宗教ではないけれど、洗脳を解くという意味では近いかな。私の感覚では、摂食障害の方が近い感じですね。本当に、ものすごく大変でした。もう嫌われるの覚悟で。周囲の人は遠慮して言わないことが多いでしょ？

倉山　嫌われたくないですしね。

千葉　あのときの狂い方は半端なくて、シャネルだ、グッチだといったブランド品をずっと買って貢いでいたの。買い物依存症にもなっちゃったんじゃないかって思いました。

杉田　そういうときって、ドーパミンがバンバン出てるからね。

倉山　見るもの聞くもの全部、善悪が逆に感じられるんですよね。ホストが正しくて、正論を言う人が悪い人に見えてしまう。

千葉　私だけじゃ泣くし、騒ぐだけだしで、全然ダメでした。その子の先輩たちを連れてきて、冷静な意見を求めたりして。

杉田　麗ちゃん一人ではなくて、仲間も大勢いたんですね。

千葉　私一人でもやっていたと思うけど、私だけではなくて、仲間がいたのも彼女にとっては幸運でしたよね。とにかく、◯◯ちゃん、あんた、それ絶対に騙されてるよ！　というのを根気よく続けました。嫌われてもいいから、絶対に、この子を救わなきゃという一心でしたね……。

倉山　千葉さん、お子さんに対する真剣さと同じように、妹分の子と向き合ったんですね。

千葉　でも、二年間では解決せず、レッスンも辞めさせて、いったん破門にしたんです。気づくまでは私の目の前に現れるなと言って。それから三年たったある日、ようやく頭を下げてきたんです。やっぱり麗子姉さんの言ってたことが正解でしたって。

倉山　ということは、五年もかかったんですね！　そこまでやって、ようやくですか。

千葉　その相手のホストというのが一流で、本も出すような、かなり有名な人でした。

それもあって、五年もかかった……。ただ、戦い方を考える上で、今思うとそこって重要だと思います。ちょっと名の通ったホストであのレベルなら、左翼も同じで、その筋で言葉巧みな影響力ある人についていったら、洗脳にせよ、本当にお世話になったにせよ、抜け出すのは大変だと思うんです。

倉山　めちゃくちゃ鋭い指摘ですね。SEALDsの奥田くんなんて、まさにそれですよね。SEALDsそのものを二〇一六年八月十五日に解散すると宣言したものの、彼の場合、ほかの学生たちと同じようには就職できないでしょうから、あの世界であの人たちに支えられて生きていくしかないですよ。

杉田　足を洗ったとしても、まともな就職は難しいでしょうね。

千葉　ほんの少しサークル活動でやってました、では済まない。奥田氏、それをわかっていたらSEALDsの活動ってやったのかなぁ。

倉山　どうでしょうね。少なくとも彼の周りにいた大人たちは、そんなことを教えなかったわけで。

杉田　左翼系の政治家の人との話をしたときにも思ったことだけど、知らないだけということもあるんじゃないかしら。

千葉　もし、もう何かに関わっちゃっているかも？　と思っても、あきらめないでほしいですね。『くたばれパヨク』の帯に「皆、戻っておいで！」って書いたけど、自分で「これダメだ」って気づいたら、引き返す方法は絶対あると思うの。でも、できたら先が長い大学生世代の子たちに、そういう大変な思いはしてほしくない。今、話をしながら、あのときの妹分のことを思い出して、ひしひしと感じました。

倉山　多少の失敗や、回り道はしてもいい。でも、間違った方へ行ったままになってしまうのは、将来の日本にとってものすごい損失ですからね。だから、賢くなることって大事なんです！

千葉　今回もすごく勉強になりました！　これからも考え続けていこうと思います。

杉田　政府なんかがよく、「再チャレンジが可能な社会へ」なんて言ってるけど、具体的にどういうことかわかってない人が多い。今回のような話を聞けて、とてもイメージが湧きましたね。

倉山　知ることは、大事な人を護ること！　これに尽きますね。お二人とも、興味深いお話、ありがとうございました。

【著者プロフィール】

倉山満　（くらやま・みつる）

香川県生まれ。憲政史家。大学講師やシンクタンク所長などを経て、現職。現在は著述業の他、インターネット上で大日本帝国憲法を学ぶ「倉山塾」、毎日YouTubeで配信している動画番組「チャンネルくらら」を主宰。近著に、『大間違いの織田信長』（ベストセラーズ）、『倉山満が読み解く足利の時代』（青林堂）、『日本一やさしい天皇の講座』『嘘だらけの日仏近現代史』（いずれも扶桑社）、『誰も教えてくれない真実の世界史講義 古代編』（PHP研究所）

杉田水脈　（すぎた・みお）

1967年4月生まれ。鳥取大学農学部林学科卒。兵庫県西宮市役所勤務などを経て、2012年に日本維新の会公認で衆院選に出馬し、初当選。2014年に落選後は、国際社会での日本の汚名をそそぐために活動を続けている。好きな言葉は「過去と人は変えられない。自分と未来は変えられる」著書に『なでしこ復活』『なぜ私は左翼と戦うのか』（いずれも青林堂）、『慰安婦像を世界中に建てる日本人たち』（産経新聞出版）、倉山満氏との共著『日本人が誇るべき《日本の近現代史》』（ヒカルランド）がある。

千葉麗子　（ちば・れいこ）

愛称チバレイ。1991年アイドル女優としてデビュー。東日本大震災での原発事故をきっかけに反原発運動に参加するも疑問を持ち、離脱。そのときの体験をもとに、2016年4月『さよならパヨク』（青林堂）を出版。パヨク（＝劣化左翼）という言葉が話題となった。12月『くたばれパヨク』（青林堂）を刊行。2017年、最新刊に『ママは愛国』（ベストセラーズ）。

悲しいサヨクにご用心！

2017年９月19日　第１刷発行
2017年10月２日　第２刷発行

著　者　倉山満　杉田水脈　千葉麗子
発行者　唐津　隆
発行所　株式会社ビジネス社
〒162－0805　東京都新宿区矢来町114番地
神楽坂高橋ビル5F
電話　03－5227－1602　FAX 03－5227－1603
URL　http://www.business-sha.co.jp/

〈カバーイラスト・デザイン〉はすみとしこ
〈本文DTP〉メディアタブレット〈写真〉中谷航太郎
〈印刷・製本〉モリモト印刷株式会社
〈編集担当〉本間肇〈営業担当〉山口健志

ISBN978-4-8284-1974-9